Preparando os ALUNOS para a vida

Caio Feijó

Preparando os ALUNOS para a vida

Edição revisada e ampliada

novo século®

São Paulo 2008

Copyright © 2008 by Caio Feijó

PRODUÇÃO EDITORIAL Equipe Novo Século
EDITORAÇÃO ELETRÔNICA Breno Henrique
CAPA Diego Cortez
REVISÃO Cristiane Mezzari

Dados Internacionais de Catalogação na Publicação (CIP)
(Câmara Brasileira do Livro, SP, Brasil)

Feijó, Caio
Preparando os alunos para a vida / Caio Feijó - Ed. rev. e ampl.
-- Osasco, SP: Novo Século Editora, 2008
Bibliografia.

1. Capacitação de professores e educação social. 2. Professores - Formação 3. Professores e estudantes. 4. Psicologia educacional. 5. Relações interpessoais. 6. Sociologia educacional I. Título

07-5215 CDD- 155.5

Índice para catálogo sistemático:
1. Professores e estudantes: Relações: Educação
371.1023

2010
IMPRESSO NO BRASIL
PRINTED IN BRAZIL
DIREITOS CEDIDOS PARA ESTA EDIÇÃO À
NOVO SÉCULO EDITORA.
Rua Aurora Soares Barbosa, 405 – 2º andar
CEP 06023-010 – Osasco – SP
Tel.: (11) 3699-7107 – Fax: (11) 3699-7323
www.novoseculo.com.br
atendimento@novoseculo.com.br

Este livro é uma homenagem às memórias da minha mãe, Dona Maria Feijó, professora nos anos de 1930, em Londrina-PR e da tia Tita, Alexina Vidal, também professora até a década de 1970 em Antonina, Morretes e Paranaguá-PR, e a todos os educadores que abraçaram essa profissão e nela se realizaram pelo prazer de ensinar.

Caio Feijó

*"O professor medíocre expõe.
O bom professor explica.
O professor superior demonstra.
O grande professor inspira."*

Willian Arthur Ward

SUMÁRIO

APRESENTAÇÃO 9
APRESENTAÇÃO DA EDIÇÃO REVISADA
E AMPLIADA 13

PARTE 1
Revisão de literatura 17
   O comportamento anti-social 25
   A teoria do aprendizado social 28
   O papel da escola no desenvolvimento e manutenção
   do comportamento anti-social dos alunos 35
   A capacitação de professores 41

PARTE 2
A construção do vínculo 51
   Motivação 53
   Stress 55
   Habilidades sociais 58
   Comunicação assertiva 70
   Manipulação relacional 77
   Gestão de conflitos 85
   Reforçadores 93
   Valores sociais humanos em dinâmicas de grupo ... 98

Conclusão 121

Referências bibliográficas 127

APRESENTAÇÃO

A experiência com a obra "Pais Competentes, Filhos Brilhantes: os maiores erros dos pais na educação dos filhos e os sete princípios fundamentais para prevenir essas falhas", publicada em 2005, trouxe um resultado inesperado: a necessidade de escrever outro livro, porém não direcionado a pais e mães, e sim a professores. Explico: as inúmeras palestras que realizei ao longo de 2005, no Brasil todo, para a divulgação do livro já citado, foram patrocinadas por escolas particulares ou secretarias municipais de educação. Em ambos os casos, foi registrada a presença maciça de educadores que, apesar de serem, na maioria, também pais e mães, invariavelmente apresentavam dificuldades específicas para se relacionar com seus alunos, não no âmbito pedagógico, claro, mas no campo das relações humanas, minha área.

Senti-me seguro em produzir o livro, haja vista que minha experiência com a relação professor–aluno é muito significativa, pois, além de ter trabalhado como psicólogo educacional em uma rede de escolas de caráter privado, em Curitiba, por cinco anos, sou professor, e meu mestrado em Psicologia da Infância e da Adolescência, na Universidade Federal do Paraná (UFPR), concluído em 2001, teve como tema "os efeitos do treinamento de professores em comportamentos anti-sociais dos alunos". Esse assunto exigiu uma profunda investigação e dedicação de dois anos inteiros, que resultaram em uma dissertação de mestrado.

Em atividade como professor universitário, passei por várias experiências, entre elas a de ministrar aulas para estudantes de Psicologia sobre dinâmicas de grupo, orientação vocacional, psicologia clínica, etc. No entanto, a experiência mais marcante e gratificante é fazer parte de uma equipe de professores que atuam em um programa de desenvolvimento integral para alunos de uma faculdade de Curitiba. Nessa instituição, os estudantes de Administração, de todas as habilitações, do primeiro ao oitavo período, passam por um programa que inclui desenvolvimento pessoal, interpessoal e organizacional; gestão de conflitos e de recursos humanos (RH), etc. O objetivo desse programa está centrado no conceito de que o futuro administrador de empresas não vai administrar bens, negócios e mercado. Ele vai, antes de tudo, administrar pessoas, e, para isso, deve estar muito bem-preparado para interagir no campo das relações humanas.

Há muitos anos venho proferindo palestras e dando treinamentos em habilidades sociais e comportamentais para professores de várias instituições com o objetivo de capacitá-los para o controle da indisciplina em sala de aula. O *feedback* tem sido gratificante. Os professores que já participaram do curso, fazem invariavelmente, uma avaliação bastante positiva dessas experiências.

Essa, então, é a justificativa da produção do *Preparando os alunos para a vida*, um livro direcionado a educadores, cujo intuito é ajudá-los a desenvolver repertório pessoal para o controle de diversas situações que envolvam sua relação com os estudantes e seus respectivos pais.

Iniciaremos apresentando uma revisão de literatura sobre o tema da primeira parte, pois esse material fundamenta grande parte dos conteúdos apresentados neste livro. Abordaremos, por exemplo, o comportamento anti-social; o retrato atual do professor, da escola e da educação, hoje, no Brasil; e a resistência de muitos professores e instituições de ensino a mudanças. Apesar de ser um elemento da obra que, certamente, causará polêmica pela maneira realista como é mostrado, faço questão de referir-me a ele de forma fundamentada, dada sua grande importância. O amigo leitor perceberá, já no início, que a revisão aponta para conclusões pessimistas a respeito da escola e do papel do professor no Brasil; não de todos, é claro. Temos conhecimento de escolas que fazem a diferença, usando criatividade e muita dedicação, buscando atingir seus objetivos, que são, também, os de muitos professores que dedicam a vida em nome da educação, assim como você, que se sente motivado a buscar novos conhecimentos e técnicas para qualificar sua relação com os alunos e lê este livro. Obviamente, a revisão apontará o descaminho em que estão aqueles professores que acham que não há mais jeito e que a solução é abrir mão de seu papel de educador e se limitar a repassar a matéria. As escolas que ainda mantêm, em seu quadro docente, professores com esse perfil, estão correndo sérios riscos de sucumbir, pois os clientes, cada vez mais, exigem educadores capacitados a atender seus filhos de forma mais ampla, mais completa. A escola do século XXI não poderá mais se restringir à transferência de informação e à educação pedagógica de seus alunos, pois a sociedade espera muito mais do que isso; anseia por uma escola capacitada, que ofereça a seus filhos uma educação completa, na qual os fatores sociais estejam presentes na grade curricular.

Essa exigência é resultado de um fenômeno familiar relativamente novo: a ausência dos pais na vida dos filhos. Hoje, o "casal" precisa trabalhar fora e "não sobra tempo" para a interação com os filhos e, conseqüentemente, para a educação social deles.

O segundo objetivo é que essa revisão aponte caminhos e que as críticas dos vários autores, fundamentadas em pesquisas científicas, sejam "disparadoras" de mecanismos para mudanças na escola, resgatando sua primordial função de preparar os alunos para a vida.

Na seqüência, como se fosse outra obra, pelo conteúdo e pela forma mais descontraída de apresentação, serão abordados os temas *stress*, motivação, habilidades sociais, comunicação e suas distorções, manipulação, conflitos e métodos para sua resolução, poder social, reforço positivo, vínculos professor–aluno–família e valores sociais humanos. A metodologia que eu apresento (ilustrada por meio de exemplos) e sugiro para o uso desse conteúdo é a das dinâmicas de grupo em sala de aula. Com isso, fornecerei um conteúdo que justifica o propósito deste livro: a oferta de opções para a mudança do quadro atual.

APRESENTAÇÃO DA EDIÇÃO REVISADA E AMPLIADA

Segundo a Organização das Nações Unidas para a Educação, a Ciência e a Cultura (Unesco), conforme o seu representante no Brasil o sociólogo Jorge Werthein, os quatro eixos que devem nortear a educação do século XXI são:

- Aprender a aprender;
- Aprender a fazer;
- Aprender a conviver juntos;
- Aprender a ser.

"Ser e conviver" são os focos deste livro. No entanto, alguns alarmantes e recentes dados estatísticos apontam para barreiras cada vez maiores que dificultam esses objetivos.

O Instituto Nacional de Estudos e Pesquisas Educacionais (Inep), patrocinado pela Unesco, realizou uma grande pesquisa em 2006 com educadores em todo o Brasil, buscando identificar as principais dificuldades do professor em sala de aula. Os resultados foram:

- Manter a disciplina 22%
- Motivar os alunos 21%
- Fazer avaliações 19%
- Manter-se atualizado 16%
- Escolher a metodologia 10%
- Outros 12%

Percebam que os quesitos disciplina e motivação (nossos focos) representam 43% das dificuldades dos educadores. Podemos, então, com esses dados, projetar que o professor despende aproximadamente 43% da sua energia em sala de aula para manter a disciplina e despertar o interesse dos alunos nas aulas. É muita coisa! Pouco resta-lhe para os papéis primordiais que são a educação pedagógica, a capacitação dos alunos para as séries subseqüentes, a orientação e a preparação para a vida.

Mais grave ainda é o resultado da pesquisa realizada também pela Unesco com a coordenação da professora Mirian Abramovai em 14 capitais brasileiras com professores de escolas públicas. Esse trabalho concluiu que:

- 47% dos professores já foram xingados em sala de aula;
- 11% dos professores já foram agredidos fisicamente.

Dados alarmantes que apontam para uma realidade que certamente dificultará que a escola atinja os objetivos da Unesco para a educação do século XXI. Os professores não se sentem amparados e preparados para lidar com essas variáveis que, associadas a tantas outras como o distanciamento dos pais da escola, os baixos salários que exigem que eles tenham mais de um emprego e o pouco reconhecimento do seu papel pela sociedade em geral, entre tantos outros, estão levando-os a abrir mão do seu papel de educador.

No entanto, apesar desses dados alarmantes, costumo afirmar categoricamente que não existe violência na escola e tão pouco a indisciplina em sala de aula, não podemos generalizar. Existe violência em *algumas* escolas, assim como existem turmas indisciplinadas com *alguns* professores. Conheço escolas públicas e privadas nas quais o tema violência definitivamente não existe, assim como tenho relatos de inúmeros professores que não sofrem com o fenômeno da indisciplina dos alunos. Quais as variáveis responsáveis por essa realidade? Como pode uma mesma turma de alunos expressar comportamentos anti-sociais com um determinado professor e pró-sociais com outro?

Apresentação da edição revisada e ampliada

Ao longo dos últimos três anos, proferi centenas de palestras e conferências por todo o Brasil a respeito desses temas, conversei com educadores formados por diversas culturas, linhas filosóficas e princípios éticos, constatei as várias realidades da educação no Brasil nos mais variados âmbitos, e a conclusão das minhas afirmações mantém-se na vertical, fundamenta-se no princípio da construção do vínculo entre professor e alunos e da capacidade administrativa dos diretores das instituições.

Essas variáveis estão, por sua vez, intensamente atreladas às habilidades e à motivação desses profissionais com os assuntos pertinentes à inter-relação pessoal com pais e alunos e à capacidade de administração educacional. Em geral são os frutos dessa motivação e capacidades que diferenciam os educadores amados dos odiados pelos alunos e também diferenciam os maus dos bons administradores, ou seja, "Se você faz o que fez, conseguirá o que tem" (autor desconhecido).

Nesta edição revisada, o conteúdo que compõe a segunda parte foi ampliado com os temas, *stress* e motivação. Nesse período (2006-2007) também produzi mais dois livros, publicados pela Novo Século Editora: *Os 10 erros que os pais cometem* e *A sexualidade e o uso de drogas na adolescência*. Assim, alguns parágrafos foram ampliados e/ou tiveram algum conteúdo ilustrado pelas idéias dessas novas experiências. O objetivo da revisão e ampliação é oferecer um maior repertório aos educadores, de variáveis que possam ajudá-los a desenvolver habilidades capazes de minimizar as adversidades e facilitar a sua realização pessoal e profissional, no âmbito da educação, em busca das necessárias e urgentes transformações sociais. Compactuamos, assim, com Paulo Freire quando disse: "Educação não transforma o mundo. Educação muda pessoas. Pessoas transformam o mundo".

Reitero que o livro mantém-se dividido em duas partes como se fossem duas obras que se completam. No entanto, isso não impede que as partes sejam lidas de maneira isolada. Os leitores que tiverem a principal demanda sobre o tema "desenvolvendo as habilidades para a construção do vínculo", poderão priorizar a leitura da segunda parte. Os que quiserem conhecer as fundamentações sobre os fenômenos que compõem os comportamentos anti-sociais, teorias do aprendizado, o papel atual da escola no Brasil e os processos atuais de capacitação de professores, encontrarão na primeira parte do livro indicações de 80 referências bibliográficas que sustentam e ilustram os conteúdos.

Parte 1

REVISÃO DE LITERATURA

Em 1999, o Grupo de Estudos da Violência da UFPR, concluiu um extenso trabalho de pesquisa (Sallas, 1999), cujo objetivo principal era avaliar e caracterizar níveis, causas e conseqüências da violência juvenil. Analisava-se o sentido que os jovens curitibanos pertencentes às várias classes socioeconômicas atribuíam à juventude, à violência e à cidadania. A investigação foi realizada em Curitiba entre junho e dezembro de 1998. O corpo da investigação constituiu-se de 900 jovens com idade entre 14 e 20 anos, 350 pais e 400 educadores. A metodologia utilizada para a coleta de dados foi a aplicação de questionários e entrevistas coletivas.

O trabalho de Sallas (1999) constitui parte de um estudo multicêntrico inicialmente realizado em Brasília, pela Unesco, em 1997, apoiado por um conjunto de instituições preocupadas com a violência praticada por jovens naquela cidade, que se estendeu por mais duas capitais além de Curitiba: Rio de Janeiro e Fortaleza. O elemento desencadeador do projeto foi um fato ocorrido em 22 de abril de 1997, quando cinco jovens de classe média atearam fogo em Galdino de Jesus dos Santos, um índio pataxó que dormia no banco de um ponto de ônibus.

Sallas (1999) fez uma abrangente pesquisa sobre família, Estado, escola e adolescentes. No capítulo "Universo escolar", do referido estudo, foram analisados resultados no que diz respeito à visão do professor sobre sua participação no processo de educação, socialização e desenvolvimento do espírito crítico de seus alunos, além de seu próprio grau de satisfação e realização profissional. Esses resultados sugerem que há uma insatisfação por parte dos professores, principalmente daqueles que atuam na rede pública de ensino, quanto a questões salariais e de condições de trabalho, além de uma marcante dificuldade na relação com os estudantes, fatores que, historicamente, facilitam e podem propiciar o desenvolvimento de comportamentos anti-sociais nos alunos.

Os depoimentos abaixo, citados por Sallas (1999), ilustram essas afirmações:

"[...] A gente tá aí... sofrendo na pele aí né... nós não temos perspectiva nenhuma, nós queremos uma coisa, mas parece que o governo quer outra..." (Professor de escola pública, p. 180).

"Completamente alienada é como eu vejo a nossa juventude hoje. Então, eu não vejo que eles tenham alguma perspectiva de futuro nesse sentido (transformação social)..." (Professor de escola particular, p. 193).

"Eu acho assim: que hoje nós deixamos muito a desejar porque o aluno não encontra em nós [...] talvez a gente esteja um pouco na retaguarda..." (Professor de escola pública, p. 195).

"Eu sinto a escola muito ruim. A escola em que eu estou, ela é uma escola em que a gente [...] cada um trabalha isolado, teríamos que conseguir fazer da escola um trabalho de conjunto... porque ela (a escola) está totalmente fora..." (Professor de escola pública, p. 185).

"Eu gosto de estudar só que... às vezes não... o próprio colégio não dá incentivo pra gente estudar, às vezes ele só dá aquela matéria, pronto..." (Aluno de escola pública, p. 182).

"São autoritários, não escutam a gente, você não tem chance de fazer nada..." (Aluno de escola particular, p. 181).

"Professor vem com mau humor de casa, aí, descarrega em cima do aluno..." (Alunos de escola particular, p. 181).

"Tem professor que não gosta de dar aula pra gente não sei por quê [...] a professora chega na sala e fala assim: ´eu odeio dar aula pra esta sala...` Ela chama de marginal, de não sei o quê..." (Aluno de escola pública, p. 183).

Pesquisas realizadas há 5, 10 e até 25 anos, já apontavam para esse quadro. Nos anos de 1980, um grupo de pesquisadoras da Universidade Federal do Rio Grande do Sul (UFRS) realizou uma pesquisa com 168 professores de 1º grau em 24 municípios dos três estados do sul do Brasil (Feldens, Ott e Moraes, 1983). Esses educadores responderam a um questionário em que constava uma lista de classificação dos problemas enfrentados pelos professores, e as pesquisadoras obtiveram as seguintes respostas (citadas como muito aborrecedoras), que são, coincidentemente, atuais:

- Conseguir se manter com o salário de professor (54,7%);
- Trabalhar com alunos malpreparados nas séries iniciais (47,7%);
- Ter estudantes que não prestam atenção às orientações para as tarefas (41,6%);
- Ter alunos mal-educados (40,6%);

- Ter estudantes que apresentam dificuldades na ortografia (40,2%);
- Trabalhar com alunos desinteressados pelas atividades de classe (38,8%).

Note que, das seis primeiras categorias mais votadas como muito aborrecedoras, três se relacionam com comportamentos anti-sociais dos alunos, o que sugere insatisfação e sensação de impotência por parte dos professores no que se refere a mudanças no sistema educacional.

Castro (2000) aponta a eliminação da reprovação em alguns ciclos da educação como causa de reclamações e insatisfação de muitos professores que "perderam suas armas para fazer o aluno estudar". Estudos de Freller (2000) indicam que as reclamações mais comuns dos professores são que seus alunos são carentes, marginais, doentes e drogaditos, e que eles (os professores) têm dificuldades de natureza institucional, como salários, quantidade de estudantes por sala (chega a ter 50 alunos), falta de apoio e orientação. Queixam-se da formação que receberam, afirmando terem sido, na melhor das hipóteses, "preparados para ensinar alunos ideais, que não existem" (p. 161). Reclamam também da desvalorização de seu papel pela sociedade e sentem-se responsáveis e culpabilizados pelos fracassos da educação no Brasil. A autora acrescenta: "Os professores não formam um grupo uniforme que pensa e age em uníssono, de forma coesa e articulada... cada professor tem um nome, uma idade, uma história, uma formação, um ideal" (p. 151).

Segundo Colombier, Mangel e Perdriault (1989), a escola sonhada não existe mais ou não existe ainda; resta uma instituição e pessoas que aí se reúnem para trabalhar. Morais (1995) concorda com isso e acrescenta que o que se encontra é uma vida escolar terrivelmente concessiva, dotada de uma normatização flácida, desnorteada entre a grande demanda por escolarização e as péssimas condições de ensino existentes. E isso ocorre, mais uma vez, segundo o autor, por conta do fato de que a educação está longe de ser estabelecida como prioridade para o engrandecimento nacional e para a melhoria da qualidade de vida dos brasileiros. Sobre a precariedade do ensino latino-americano, Silva e Davis (1993) discorrem:

> As aulas são dissertativas, exigindo longas cópias do quadro negro e fornecendo pouca ou nenhuma oportunidade para perguntas. Como predomina a memorização sobre o entendimento, o conteúdo apresentado é raramente trabalhado de forma ativa. Acompanhamento e avaliação, quando ocorrem, resumem-se a assinalar certo ou errado, sem explicitar, aos alunos, a natureza do sucesso ou fracasso nas provas e/ou tarefas. Trabalhos em grupo constituem exceções, bem como debates e discussão viva sobre os conhecimentos veiculados em sala de aula (p. 39).

Para Candau, Lucinda e Nascimento (1999), mudou a escola e também o professor. A escola era vista como instrumento de ascensão social e fonte privilegiada de informações, e o professor tinha *status* como mediador dessa ascensão. As autoras afirmam ainda que, atualmente, o esvaziamento e a fragmentação na formação dos professores, a diminuição drástica dos salários, o profundo mal-estar e a desvalorização da educação e do magistério acabaram por gerar uma grave crise de identidade da escola, desencadeando, assim, um enfraquecimento do papel do docente. E concluem que, com freqüência, o mau professor é descrito pelos alunos como aquele que falta, é fraco, não consegue manter a disciplina da turma, é injusto, não tem disponibilidade para atender os estudantes ou não demonstra entusiasmo pelo que faz. Para as autoras, as manifestações de violência podem estar associadas à falta de competência relacional (é preciso saber escutar, apresentar capacidade de negociação e ser alguém com quem se possa falar) do profissional que atua na escola e ao fracasso na formalização dos papéis do professor e do aluno. Assim, muitas vezes, o que resta ao professor é o autoritarismo, que, segundo Morais (1995), é a negação do outro e se traduz em desequilíbrio derivado da insegurança do educador. "Autoritarismo é o tapume atrás do qual alguma incompetência se esconde" (p. 46). Esse desequilíbrio, então, sugere agressão ou, no mínimo, rejeição, comportamento que produz reações anti-sociais no agredido ou rejeitado, como a violência, por exemplo.

Há uma forte preocupação da sociedade em geral com a violência, tema extremamente complexo, tanto na forma como na origem. No Brasil, cada vez mais, a violência está presente na vida das pessoas; ela aparece a todo momento nos noticiários e, quando menos se espera, ao lado de cada um de nós, nas mais diversas formas — em assaltos, atos violentos ou, até mesmo, quando se é discriminado ou rejeitado.

Sobre a questão da origem, Minayo (1999) retrata muito bem suas possíveis variáveis quando esclarece que o Brasil é um país imerso em dívidas sociais como a pobreza, a miséria, o desemprego, a mortalidade infantil, a falta de habitação, a saúde precária, o analfabetismo e a baixa escolarização. Esses fatores caracterizam, sem dúvida, despreparo profissional; falta de perspectivas; conflitos e confrontos raciais, religiosos e econômicos; impunidade e perda de confiança no sistema. Enfim, somos um país cujo sistema político favorece as extremas desigualdades na participação social, substratos essenciais para reações, entre elas, agressivas.

Freqüentemente, vêem-se na mídia essas reações agressivas e, agora, também nas escolas, local, até então, caracterizado pelas famílias como seguro para seus filhos. Os noticiários têm apresentado constantes casos de formação de gangues nas instituições de ensino, professores ameaçados por alunos, crianças vítimas de agressão e dominação na escola e, até mesmo, aluno armado em sala de aula (Minayo, 1999).

O rápido aumento nos níveis, padrões e formas de violência justificam a inquietação da sociedade em geral, notadamente no que se refere à violência nas escolas. Os pais querem saber o que está havendo, por que a escola deixou de ser um lugar seguro para seus filhos, etc. Certamente, vários fatores devem ser responsáveis, porém estudos atuais têm apontado para uma variável, objeto de nosso estudo, que é a qualidade da formação de professores.

Morais (1995) atribui ao Estado essa responsabilidade ao afirmar que a educação no Brasil não tem prioridade alguma. Candau, Lucinda e Nascimento (1999) concordam com isso, complementando que é o baixo investimento do Estado no setor educacional e a falta de políticas educacionais voltadas a uma real democratização da escola que causam a fragmentação na formação dos educadores. Os professores, malpreparados para exercer o papel de educadores, acabam por limitar sua função à transmissão de conhecimentos. Esse despreparo vem da formação ou da desinformação, principalmente, sobre como lidar com alunos que apresentam comportamentos anti-sociais. Ainda para as autoras, esse desconhecimento pode levar o profissional a agir por intuição ou segundo sua experiência e, freqüentemente, os resultados são desastrosos, situação que favorece o desinteresse por seu papel de educador. Com o desinteresse instalado, não há motivação para a busca de novas habilidades sociais/comportamentais para se lidar com as adversidades em sala de aula. Essa motivação poderá estar presente ou não em qualquer educador, da rede pública, da rede privada, do Ensino Básico, Médio ou Superior. Se as dificuldades fazem parte do universo de todos os professores, imagine da classe dos profissionais da rede pública, desvalorizados tanto na formação quanto no exercício de sua atividade, que, há muito tempo, não têm mais condições de ler, seja por não poder comprar livros, seja em razão das jornadas de trabalho que os fazem atuar em duas ou três escolas ou, até mesmo, por estarem sobrecarregados de funções.

Segundo Sidman (1995), o que resta a esses professores despreparados e desinteressados para lidar com a indisciplina em sala de aula, muitas vezes, é o comportamento coercitivo. Explica o autor: "Coerção é o uso da punição e da ameaça de punição para conseguir que os outros ajam como nós gostaríamos, e a prática de recompensar pessoas deixando-as escapar de nossas punições e ameaças" (p. 17). Sobre punição, Haydu (2001) esclarece que muitos professores e pais a usam porque, entre outros motivos, ela produz o efeito esperado de forma bastante rápida. Acontece que o resultado da ação coercitiva dos professores é o desenvolvimento de um ambiente aversivo na sala de aula, que pode até trazer resultados imediatos, porém extremamente frágeis. Isso acontece porque "quando não podemos escapar de um ambiente aversivo, é de se esperar que o organismo apresente um comportamento agressivo" (Gomide, 1996: 81).

Sidman (1995) e Patterson, Reid e Dishion (1992) explicam que punição e privação também levam à agressão, mas a coerção induz a mais do que o ato agressivo em si mesmo. "Depois de ser punido, um sujeito fará qualquer coisa para ter acesso a outro sujeito que ele possa então atacar, ainda que aquele indivíduo não tenha sido de modo algum responsável" (Sidman, 1995: 221-222).

A revisão de bibliografia apresentada a seguir focaliza tanto o aspecto do comportamento anti-social na forma de um comportamento aprendido quanto o papel do professor e sua qualificação inter-relacional.

Primeiramente, serão discutidos os conceitos de comportamento anti-social e as várias teorias que justificam seu desenvolvimento. Na seqüência, será apresentada a Teoria do Aprendizado Social, com enfoque no aprendizado social de comportamentos anti-sociais. No capítulo "O papel da escola no desenvolvimento e manutenção de comportamentos anti-sociais dos alunos" serão revisados estudos sobre o tema e, finalmente, no capítulo "A capacitação do professor", serão apresentadas as teorias sobre treinamento e discussão dos estudos relativos à matéria.

O COMPORTAMENTO ANTI-SOCIAL

O comportamento anti-social pode ser caracterizado tanto pela violência, agressividade e delinqüência de um indivíduo quanto pelas manifestações de desobediência, desafio, ofensas e, até mesmo, desatenção. Os autores Hinshaw e Zupan (1997) e Kazdin e Buela-Casal (1997) acrescentam que ações agressivas — furtos, vandalismo, mentiras e infrações às regras e às expectativas sociais — são também características de comportamento anti-social, com o que concordam Candau, Lucinda e Nascimento (1999) ao afirmarem que há várias expressões de comportamentos anti-sociais, porém a marca constitutiva de todos é a violência e a tendência à destruição e ao desrespeito pelo outro, podendo a ação situar-se no plano físico, psicológico ou ético. Minayo (1999) sugere, ainda, que a violência também pode se expressar por meio da negação do direito do outro de ser diferente, o que significa o não-reconhecimento da diversidade na vida social, abrindo-se, assim, pela negação, a possibilidade do caminho para a opressão. A autora afirma que:

> As várias formas da violência estão arraigadas não só nas relações interpessoais, mas também nas instituições sociais (família, escola, meios de comunicação, organizações), e até mesmo nos diferentes grupos de jovens que se aglutinam em função de características semelhantes, em que reproduzem e reafirmam a discriminação ou a solidariedade (p. 14).

A violência, enfim, é expressada por comportamentos disruptivos, freqüentemente agressivos e que transgridem as normas da sociedade (Hinshal e Zupan, 1997).

Para Hawkins, Arthur e Olson (1997) e Kazdin e Buela-Casal (1997), existem cinco fatores de risco que predizem a possibilidade de desenvolvimento de comportamentos anti-sociais: a dimensão individual, a familiar, a escolar, o grupo de amigos e o comunitário. Sobre o comportamento anti-social como fator individual de risco, várias teorias se propõem a dar explicações, entre elas a Teoria do Processo Biológico (Kaplan e Sadock, 1993), a qual defende que o comportamento anti-social pode ter um fundo genético, causas hormonais ou estar relacionado com neurotransmissores. O uso de drogas também pode originar comportamentos anti-sociais, assim como danos neuroanatômicos, causados por doenças ou acidentes. A teoria das influências ambientais sugere que calor ou frio intenso, barulho excessivo, desconfortos visuais, auditivos e olfativos, entre outros, podem gerar reações anti-sociais em qualquer indivíduo (Kaplan e Sadock, 1993). Gomide (1999) e Huesmann, Moise e Podolski (1997) acreditam que é fundamental analisar a maneira como a programação biológica da espécie está sendo influenciada pelo modo de vida do ser humano. É na interação biologia–ambiente que se deve focar a atenção para a devida compreensão do fenômeno.

Cada espécie traz consigo, ao nascer, uma carga biológica que a prepara para interagir com o meio ambiente de uma determinada forma e, caso o ambiente não apresente as condições apropriadas para a sua adequada sobrevivência (clima, alimentação, densidade populacional, etc.), o organismo poderá comportar-se de forma alterada, agressiva, por exemplo, ou, até mesmo, sucumbir. (Gomide, 1999: 37-38)

As teorias psicanalíticas falam de instinto para justificar alguns comportamentos anti-sociais, e a Psiquiatria atribui também como causa desses comportamentos doenças chamadas de transtornos de personalidade e de conduta. Os indivíduos com essas doenças mostram padrões profundamente entranhados, inflexíveis e mal-ajustados de relacionamento, de percepção do ambiente e de si mesmos (Kaplan e Sadock, 1993; Stoff, Breiling e Maser, 1997). A Teoria do Grupo de Yale (Eron, 1997) é baseada em estudos da frustração como determinante da agressividade. Em sua forma original, essa hipótese sugere que a frustração sempre leva a alguma forma de agressão, e que esta sempre deriva da frustração. Um rapaz dirigindo seu carro é parado e advertido por um policial. Ao retornar à estrada, frustrado pela situação desagradável e atrasado para seu compromisso, revida agressivamente, impedindo que outros veículos o ultrapassem, por exemplo.

Finalmente, a agressividade pode ser entendida como o comportamento social aprendido, no qual se encaixam as dimensões familiar, escolar, do grupo de amigos e comunitário (Kaplan e Sadock, 1993; Stoff, Breiling e Maser, 1997; Bandura e Iñesta, 1975; Kazdin e Buela-Casal, 1997). Essa teoria será apresentada com maiores detalhes no capítulo seguinte.

A TEORIA DO APRENDIZADO SOCIAL

Segundo Kaplan e Sadock (1993), a Teoria do Aprendizado Social pode ser definida como um conceito sobre a mudança no comportamento do indivíduo em uma situação específica. Essa alteração é causada pela repetição das experiências naquela situação, eliminando-se explicações de tendência inata, maturação ou condições temporárias do indivíduo para o comportamento.

A Teoria do Aprendizado Social, segundo Bandura e Walters (1963), baseia-se nas modelagens de papéis, de identificação e de interações humanas. Uma pessoa pode aprender por imitação do comportamento de outra, porém fatores pessoais estão envolvidos, e a imitação do modelo deve ser reforçada ou recompensada para que o comportamento se torne parte do repertório do indivíduo.

Bandura (1975) afirma que a violência no ser humano não é um fenômeno individual, e sim um fenômeno social, e sugere que o comportamento ocorre como resultado do intercâmbio exercido por fatores cognitivos e ambientais, um conceito conhecido como determinismo recíproco. Se o modelo escolhido reflete normas e valores saudáveis, a pessoa desenvolve, com auto-eficácia, a capacidade para se adaptar.

A Teoria do Aprendizado Social (Bandura, 1975) distingue três formas reforçadoras da agressão, o que o autor denomina Teoria da Agressão (p. 310).

1) **A influência do reforçamento externo direto, que são:**
    a) as recompensas possíveis e desejadas. Por exemplo: animais dóceis poderão recorrer a ataques que lhes proporcionem comida e bebida;
    b) as recompensas sociais e de *status*. Há comportamentos agressivos que se mantêm porque com eles

se ganham recompensas de aprovação e de *status* — característica observada geralmente em seus grupos;
c) a suavização de tratamentos aversivos com a redução de dores. Crianças agredidas sistematicamente conseguem terminar com o maltrato mediante contra-ataques agressivos;
d) as expressões de danos. A conduta agressiva é reforçada pelos sinais de sofrimento que a vítima manifesta.

2) **Reforçamento vicário** — o sujeito observa repetidamente as ações dos outros e as ocasiões em que são recompensados, anulados ou castigados. Os resultados influem na conduta quase da mesma maneira que as conseqüências experimentadas diretamente. O indivíduo se beneficia com os êxitos e os erros dos demais, com as experiências deles. Em geral, nota-se que o fato de algumas pessoas serem recompensadas pela agressão que cometeram aumenta a tendência de outros indivíduos se conduzirem de maneira igualmente agressiva, da mesma forma que, se forem aplicados castigos por causa de algo que cometeram, a dita tendência é acentuada.

3) **Auto-reforçamento** — os indivíduos fazem coisas que lhes tragam sentimentos de dignidade e satisfação. Conduzem-se de maneira que não produzam críticas a si mesmos ou qualquer outra conseqüência de automenosprezo. Fazem da conduta agressiva uma fonte de orgulho pessoal.

Para Eron (1997), Kazdin e Buela-Casal (1997) e Bandura e Iñesta (1975), a agressão é um comportamento normalmente aprendido muito cedo, durante o desenvolvimento de uma pesssoa. Crianças expostas a modelos de agressividade, tanto familiar quanto de mídia, terão comportamentos anti-sociais incentivados. Patterson, Reid e Dishion (1992) concordam que, em certo sentido, todas as crianças aprenderam a mesma lição sobre comportamento anti-social, e indagam: por que alguns infantes emitem comportamentos anti-sociais com freqüência maior que outros? Sobre esse questionamento, Bandura (1975), sugere que as condutas que as pessoas têm são aprendidas por observação, seja deliberada ou inadvertidamente, pela influência do exemplo. Com o aprendizado de modos e comportamentos agressivos, as circunstâncias sociais determinarão, em grande parte, se eles serão postos em prática ou não. O autor sugere que "na sociedade moderna há três fontes principais da conduta agressiva" (p. 313) — 1) influências familiares: pais que utilizam métodos de dominação têm filhos que tendem a se valer de táticas agressivas semelhantes com seus colegas; 2) influências subculturais: o exemplo de instituições militares que podem transformar pessoas que foram educadas na tradição de que matar é um ato deplorável e moralmente repreensível em combatentes que podem se sentir orgulhosos por destruir uma vida humana; 3) a modelação simbólica presente nos meios de comunicação de massa, principalmente na TV, em que, indiscriminadamente, observam-se ações agressivas. "A exposição à violência televisiva fomenta a agressividade interpessoal" (p. 315).

Bandura (1975) ampliou sua teoria de aprendizagem social de agressão incluindo fatores cognitivos para responder por ações agressivas e pela manutenção desses comportamentos em crianças. O autor afirmou que crianças agressivas possuem processos cognitivos distorcidos para a interpretação de comportamentos de outros e seleção de seu próprio. Gerow e Kendall (1997) complementam que crianças agressivas não parecem entender a emoção do mesmo modo que crianças calmas, e demonstram menos tristeza ou medo quando enfrentam situações difíceis. São distorções cognitivas, como má interpretação da intencionalidade dos outros, por exemplo, e fazem parte da estrutura psicológica de crianças agressivas e anti-sociais. Eron (1997) conclui sugerindo que a maneira como a criança percebe e interpreta eventos ambientais determinará se ela responderá com agressão ou com outro tipo de comportamento. Estudos de Lewin, Davis e Hops (1999) confirmam essa teoria, afirmando que o comportamento anti-social do adolescente (comportamento agressivo, disruptivo, hiperativo e introvertido, com baixos níveis pró-sociais e de sucesso acadêmico) possui estreita relação com a rejeição e agressão de pais, de professores e de seus pares.

Patterson, Reid e Dishion (1992) completam a idéia de que os aparentemente inofensivos atos coercitivos observados no lar e na escola são os protótipos de comportamentos delinqüentes na adolescência. Os autores propõem quatro estágios que resultam em seqüência padronizada de efeitos que parecem se refletir em muitos casos: 1) treinamento básico, em que os membros da família, ineficazes em confrontos disciplinares, promovem a troca coercitiva entre a criança e os outros membros da família. A criança aprende que comportamentos aversivos como chorar, gritar e bater são efetivos e podem suprimir o comportamento aversivo dos outros familiares, o que se traduz em reforçador positivo para ela. A combinação de disciplina ineficaz com falta de monitoramento (não saber onde o filho está, com quem está, o que está fazendo e quando retornará) por parte dos pais parece caracterizar o processo coercitivo no lar; 2) reação do ambiente social, em que os comportamentos anti-sociais ou coercitivos aprendidos no lar predispõem a criança ao fracasso social. Na escola, é difícil ensinar-lhe habilidades acadêmicas ou sociais por causa de seu temperamento explosivo e sua inabilidade inter-relacional. Essas crianças coagem professores e colegas e evitam tarefas difíceis, situações exigentes, deveres de casa e até freqüência à escola, atrasando-se ou cabulando aula. Passam a ser identificadas como crianças-problema, fato que já havia acontecido em casa com os pais; 3) grupo desviante e desenvolvimento de habilidades anti-sociais, em que o fracasso acadêmico recorrente e a rejeição dos pais, professores e colegas "normais" induzem as crianças inábeis a buscar colegas parecidos com ela. Esse envolvimento aumenta, entre outros, o risco de uso de drogas e a delinqüência na fase adolescente. Muitos garotos que fracassam na escola e são rejeitados pelos colegas também são identificados como anti-sociais em casa. No entanto, nem todos que são anti-sociais fracassam na escola e são rejeitados pelos colegas; 4) adulto anti-social, uma relação dos que foram crianças anti-sociais com a marginalidade na idade adulta. Normalmente, são indivíduos derrotados, que têm dificuldade em manter o emprego e o casamento, envolvem-se com álcool, drogas e polícia e, freqüentemente, desafiam as figuras de autoridade e regras que coíbem seu comportamento.

Completam Patterson, Reid e Dischon (1992) que a aprendizagem reflete a exposição a episódios anti-sociais, nos quais a criança é, no mínimo, uma observadora, e, mais provavelmente, um dos personagens envolvidos, com o que concorda Gomide (1999), acrescentando que essas variáveis estão associadas também ao rebaixamento da auto-estima da criança, outro fator preponderante no desenvolvimento de comportamentos marginais. A autora esclarece que esse fenômeno se dá pela inabilidade, pela falta de repertório social/comportamental da criança, pelas defesas psicológicas como a rejeição de *feedback* social e pela sua vulnerabilidade às forças do grupo. Assim, muitas vezes, a criança pode obter compensações sociais pela emissão de comportamentos anti-sociais, ou seja, os comportamentos delinqüentes elevam sua auto-estima. A imitação pode, então, estar intimamente relacionada com o comportamento apresentado. Crianças e adolescentes tendem a imitar seus pais, professores e pares sociais. Estes, quando apresentam amplo *déficit* em habilidades sociais e despreparo, passam a ser modelos negativos para o comportamento dos jovens. Por outro lado, a agressão e a rejeição dos pais e professores também são fatores contribuintes para o surgimento e manutenção dos comportamentos indesejáveis.

Como foi mostrado, a literatura tem apontado para algumas variáveis próprias do sistema, como despreparo, desinteresse e coerção intimamente interligados. Essas variáveis são influenciadas umas pelas outras, de tal forma que é improvável a presença de somente uma ou duas delas de forma isolada, em um pai ou professor. No entanto, há outro fator de grande importância que completa esse tópico: o afeto. Estudos de Erickson, Crosnoe e Dornbusch (2000) sobre laços sociais — apego, compromisso, envolvimento e convicção — demonstram muito bem que a qualidade desses laços é fundamental na redução do desvio, de associações com pares anticonvencionais e da suscetibilidade às influências negativas dos seus pares. São cinco os elementos que proporcionam laços sociais: apego parental, supervisão parental, apego a professores, compromisso educacional e envolvimento da comunidade. Os autores desenvolveram um estudo longitudinal entre 1987 e 1990, com 4.625 adolescentes de nove escolas da Califórnia e de Wisconsin. O método do estudo foi de administração de um questionário, em escala Lickert, aos alunos. Havia uma exigência no questionário: que os participantes indicassem, pelo menos, três amigos íntimos, para que as informações ali contidas fossem confirmadas em entrevistas posteriores. Aproximadamente 2.000 casos da amostra longitudinal satisfizeram essa exigência e foram, então, objeto de análise. Os principais tópicos do questionário relacionavam-se com estrutura familiar, laços sociais, afeto parental, supervisão parental, apego a professores, compromisso educacional, envolvimento com a comunidade, suscetibilidade para influências negativas de amigos e desvios de amigos íntimos. Como ilustração, seguem as perguntas do tópico "apego ao professor":

"Meus professores se preocupam com o que eu estou fazendo?"

"Os professores estão dispostos a discutir assuntos comigo?"

"Há um professor ao qual eu poderia me dirigir se estivesse realmente em dificuldade?"

"Eu me preocupo com o que a maioria dos meus professores pensa de mim?"

Concluíram os autores que os tópicos "apego ao professor" e "compromisso educacional" contribuíram diretamente para a redução da delinqüência, enquanto "apego parental" teve maior influência no uso de substâncias psicoativas. Os estudos demonstraram ainda que, quando a disciplina imposta pelos pais é coercitiva e severa, seus filhos têm mais probabilidades de associação com seus pares anticonvencionais e são mais suscetíveis às influências negativas deles. São os efeitos iatrogênicos, de que falam Dischion, McCord e Poulin (2000), em que os próprios pares com comportamentos desviantes (as amizades anticonvencionais) podem ser modelos de influência negativa, gerando atitudes como delinqüência, uso de drogas e mau ajustamento social junto ao par vulnerável.

De que forma, então, a escola pode ser responsável por alguma parcela dos comportamentos anti-sociais de seus alunos? Vamos ver a seguir.

O PAPEL DA ESCOLA NO DESENVOLVIMENTO E MANUTENÇÃO DO COMPORTAMENTO ANTI-SOCIAL DOS ALUNOS

Para Patterson, Reid e Dishion (1992), a busca de correlações consistentes entre auto-estima rebaixada, fracasso acadêmico e características anti-sociais levou muitos pesquisadores a focalizar a questão das deficiências acadêmicas e, a partir disso, chegaram à conclusão de que os fracassos acadêmico e social levam à auto-estima rebaixada, e esta, conclui Gomide (1999), desempenha um importante papel no desenvolvimento de comportamentos anti-sociais.

Estudos de Carvalho (1984), Correa (1992) e Leite (1988) falam da "profecia auto-realizadora": crianças de quem os professores foram induzidos a esperar os melhores resultados efetivamente, os apresentaram. O contrário também se confirma: alunos mais carentes, rotulados como imaturos, perdidos, doentes e anormais pelos professores têm maior possibilidade de fracassar. Carvalho (1984) desenvolveu um estudo por meio da observação em sala de aula de uma classe de 38 alunos de 1ª série do Ensino Fundamental. O experimento se deu em uma escola da periferia durante todo o ano letivo de 1983. O principal foco de interesse foi relativo à formação do grupo de alunos isolados, às atividades desempenhadas por eles, ao seu desenvolvimento acadêmico e à atenção que recebiam por parte da professora. Alguns desses estudantes que não faziam as atividades propostas à classe, que ficavam alheios à aula e que não tinham a atenção da mestra foram o objeto da observação. Os resultados do estudo indicaram que, quando o aluno apresentava dificuldades, a professora o chamava cada vez menos a participar dos exercícios (leituras, escrever na lousa, etc.), designando-o para certas fileiras da classe, juntamente com outros "atrasados", segundo ela mesma dizia. Alguns alunos repetentes não chegaram sequer a ser chamados a participar das atividades propostas pela professora no início do ano, por causa dos fracassos em anos anteriores, o que, para a educadora, atestava sua incapacidade. No início de abril, pouco mais de um mês após o início das aulas, a professora já indicou os alunos que seriam provavelmente aprovados ou reprovados, com os conceitos ótimo, bom e regular. Ótimo, segundo a educadora, significava provável aprovação; bom, que o estudante tinha alguma chance de recuperação; e regular, reprovação. Esses conceitos não foram resultados de provas ou exames, mas conclusões da titular da sala acerca do desenvolvimento de cada um. Dos alunos que chegaram ao final do ano, os que obtiveram conceito ótimo em abril foram aprovados, enquanto os que receberam conceito regular foram reprovados. Dos que tinham conceito bom, apenas dois foram aprovados e quatro, reprovados. A autora conclui que, provavelmente, a professora não sabia como recuperar esses alunos, que não havia preocupação com o ensino dedicado a eles e que, conseqüentemente, os tais não aprenderam a ler nem a escrever. Em suma, foram crianças relegadas ao fracasso.

    Esses fatos, além de provocar baixos resultados acadêmicos, freqüentemente geram rejeição também dos colegas e podem levar o educando a optar pela falta às aulas e até pelo abandono da escola (Kazdin e Buela-Casal, 1997), fatores suficientes para o rebaixamento da auto-estima do aluno. Gomide (1999) completa que "esta ação, conseqüentemente, leva a criança ou o adolescente a rejeitar os valores do sistema educacional e social (que são semelhantes), e a engajar-se em atividades anti-sociais para satisfazer suas necessidades emocionais" (p. 43).

    Todo esse cenário, invariavelmente, produz o *stress*, "uma reação do organismo em função de alterações psicofisiológicas que ocorrem na vida do indivíduo quando este se depara com situações que o amedrontam, excitam-no, confundem-no ou até mesmo o fazem extremamente feliz" (Tanganelli e Lipp, 1998: 17). As autoras aplicaram o Inventário de Sintomas de *stress* Infantil (I.S.S.I.) a 158 alunos de 1ª a 4ª série de escolas públicas da periferia de Americana-SP. Os resultados confirmaram que a escola pode ser um fator estressante na vida da criança, em função de seu ambiente físico, por este ser o primeiro local de socialização dela; pelo material pedagógico e atividades impróprios; pelo comportamento inadequado dos professores com cobranças exaustivas; pela discriminação e pela rejeição por parte dos colegas. Os resultados da amostra global do estudo revelaram que 55% das crianças avaliadas apresentaram sintomatologia significativa de *stress*, com predominância de sintomas cognitivos como "fico preocupado com coisas ruins que podem acontecer" (70%), "tenho medo" (58%) e "tenho vontade de chorar" (57%). Quanto aos sintomas somáticos: "minhas mãos ficam suadas" (64%), "não consigo ficar parado e quieto no mesmo lugar por muito tempo" (56%) e "meu coração bate depressa" (56%). Outro fator relevante da pesquisa é que foi constatado, entre as professoras dessas crianças, total desinformação sobre os conceitos e sintomas de *stress*.

À desinformação do professor soma-se agora sua insatisfação, relatada por Biasoli-Alves (1994), quando fala da sala dos professores:

> *Trata-se de um espaço repleto de insatisfações, onde dificilmente são apontadas as gratificações; eles discutem desde as diversas teorias pedagógicas, suas descrenças em relação a elas, os modismos de que se fazem acompanhar, a degradação nos padrões e atitudes de crianças e jovens, de gerações diferentes, frente à aprendizagem e à escola, até problemáticas sociais — macrovariáveis —, aportando na culpabilização*

da família. E, se por um lado eles estão sendo amplamente capazes de levantar possíveis causas, interferentes com a escola e a aprendizagem de seus alunos, por outro, com freqüência, seus "diagnósticos" começam a cair no lugar comum, e isto os mantém, quase sempre, imobilizados diante dos problemas que estão enfrentando (p. 84-85).

Biasoli-Alves (1994) realizou um estudo com professores de escola pública de Ensino Fundamental e constatou que 37% deles colocam a família como a causa principal das dificuldades de aprendizagem das crianças, 46% atribuem o fracasso à própria criança e somente 17% dos professores o reconhecem como responsabilidade da escola.

Gómez (1992) ilustra bem esse quadro quando fala em "pessimismo pedagógico", justificando que, muitas vezes, o professor prescinde do seu papel com a frase "não há nada o que fazer".

Agora, temos a desinformação, insatisfação e dificuldade inter-relacional do professor como possíveis substratos complementares do desenvolvimento de comportamentos anti-sociais dos seus alunos em sala, porém, como esclarece Gil (1995), em seu estudo sobre "a competência escondida", "O professor considerado incompetente não o é o tempo todo, nem em todas as situações de sala de aula" (p. 24). A autora sugere que se ofereça a esses professores recursos capazes de fazê-los buscar a competência que eles detêm, mas que não é reconhecida nem por eles mesmos.

Sidman (1995) oferece um desses recursos, chamado "reforçamento positivo", como uma ferramenta no desenvolvimento da eficiência dos professores. Para o autor, um professor eficiente não reforça erros, pois ele sabe que isso é uma forma de mantê-los. Já o professor que oferece reforçamento positivo terá a aprendizagem de seus alunos bem-sucedida. Explica o autor:

No reforçamento positivo, a ação de uma pessoa é seguida pela adição, produção ou aparecimento de algo novo, algo que não estava lá antes do ato. No reforçamento negativo, uma ação subtrai, remove ou elimina algo, fazendo com que alguma condição ou coisa que estava lá antes do ato desapareça. Colocar moedas em uma máquina (comportamento) pode produzir uma barra de chocolate (reforçamento positivo) ou pode remover a barreira de uma catraca (reforçamento negativo) [...] quando nosso comportamento é reforçado positivamente, obtemos algo; quando reforçado negativamente, removemos, fugimos ou nos esquivamos de algo (p. 55/56).

Conclui-se, então, que, pelo reforço positivo, o indivíduo será capaz de desenvolver hábitos comportamentais pró-sociais (voltaremos a falar sobre reforço positivo mais adiante, na segunda parte do livro).

Acontece, no entanto, que muitos professores desconhecem que elogios e recompensas podem ser mais eficazes do que punição e, em seu repertório, freqüentemente, predomina a ação coercitiva. Muitos deles desconhecem os pressupostos skinnerianos sobre reforçamento positivo e reforçamento negativo, como explica Bergamini (1976):

Punido, o indivíduo extinguirá um comportamento, deixará de atuar de determinada forma, mas, em compensação, poderá desenvolver outro comportamento indesejável até que ocorra novo reforço negativo (p. 78).

A ação coercitiva do professor, muitas vezes, dá-se por pura incompetência relacional ou por falta de repertório social e comportamental, conforme ilustra Sidman (1995), sugerindo como ser um mau professor:

Exponha alunos lentos ao ridículo, revele suas inadequações para eles mesmos e para os outros, chamando-os em tes-

tes orais, devolva seus trabalhos cheios de comentários escritos em destaque e com notas baixas para que outros alunos vejam à medida que passam os trabalhos da frente para trás; fale com eles rispidamente, ou com paciente exasperação, enfatize suas notas baixas, escrevendo-as em seus boletins com tinta vermelha, sente-os no fundo da classe, use-os como exemplo do que acontece com alunos fracassados (p. 118).

Morais (1995), ao tratar do vínculo professor–aluno, sugeriu que os educandos, principalmente de 1º e 2º graus, sentem real necessidade de uma certa liderança, pois logo percebem, no convívio com líderes autênticos, que estes desejam o crescimento do liderado, que dizer "não" também poderá fortalecer o vínculo mútuo: "O educador é aquele que diz sim sempre que pode, mas diz não sempre que não é lícito dizer sim" (p. 54).

Os padrões educacionais atuais são tão antigos que há 33 anos Sarason (1975) já dizia: "a necessidade de modificar as escolas, as atitudes e as motivações dos educadores parece evidente, de modo que lograr êxito constitui uma tarefa enorme e desafiante. A modelação, o estabelecimento de contingências de reforço e outras técnicas de modificação de comportamento têm muito a oferecer como componentes significativos de um programa educativo geral". Bandura e Walters (1963) lembram que a incidência de comportamentos anti-sociais será reduzida quando for possível a utilização de propostas alternativas socialmente positivas à agressão, "mesmo que haja uma instigação à agressão" (p. 212-13). Kazdin e Buela-Casal (1997) e Eron (1997) acrescentam que a ação preventiva deve começar por pais, professores e outros agentes socializadores.

Hawkins, Arthur e Olson (1997) realizaram uma extensa revisão de estudos levados a efeito nos Estados Unidos, que visaram à redução de comportamentos anti-sociais em crianças e adolescentes. Pelos resultados desse trabalho, os autores concluíram, então, que as intervenções preventivas devem enfocar o aumento de fatores de proteção social, como a relação afetiva–encorajadora, ou a união social dos adultos e o envolvimento com atividades extracurriculares positivas, em instituições sociais (como grupos, escola e comunidade) que valorizem normas sociais positivas comportamentos pró-sociais e sucesso educacional. No que diz respeito ao papel da escola no contexto apresentado, Sidmann (1995) conclui: "Diz-se a futuros professores que a coerção é ruim, mas não se mostra a eles como usar alternativas efetivas. As práticas tradicionais persistem" (p. 119).

Assim, a realização de um programa de treinamento e capacitação de professores para promover a inter-relação com alunos deve fazer parte de um programa educativo, segundo Del Prette, Del Prette, Garcia, Silva e Puntel (1998), visando à modificação da escola por meio da mudança do professor. Este deverá estar, então, devidamente treinado para o desenvolvimento das suas habilidades sociais e comportamentais. Os autores analisaram o desempenho de uma professora antes e após sua participação em um programa de desenvolvimento interpessoal e profissional, cujo objetivo foi promover a habilidade em estruturar interações sociais e educativas. Dados desse estudo serão apresentados na próxima seção.

A CAPACITAÇÃO DE PROFESSORES

Sobre treinamento, apresentarei a seguir os conceitos de quatro autores especialistas na área, os quais poderão ilustrar os objetivos dessa atividade no desenvolvimento pessoal: Stammers e Patrick (1978), Ferreira (1979) e Moscovici (1985).

Segundo Stammers e Patrick (1978), o treinamento visa ao desenvolvimento do padrão de atitude, conhecimento, habilidade e conduta para que um indivíduo desempenhe, de forma adequada, determinada tarefa ou serviço. Para Ferreira (1979), treinamento implica um instrumento de aprimoramento como um modificador do elemento humano ao fornecer conhecimentos teóricos e práticos, estimulando e (ou) desafiando os treinandos. "Propicia, portanto, o desenvolvimento da competência inter-relacional, a habilidade de lidar eficazmente com outras pessoas de forma adequada às necessidades de cada uma e às exigências da situação", completa Moscovici (1985).

No Brasil, de acordo com Perosa (1998), Ribas (1989) e Del Prette (1980), a literatura sobre intervenções voltadas às habilidades interpessoais do professor é quase inexistente. Os treinamentos de capacitação a professores priorizam o domínio de habilidades referentes ao planejamento do ensino, com ênfase especial ao conhecimento e à utilização de novas tecnologias de ensino e recursos audiovisuais, bem como às habilidades ligadas à avaliação da aprendizagem, em vez de salientar propostas para conhecimentos psicológicos sobre a natureza humana que possibilitem destacar habilidades sociais para a superação de conflitos que, porventura, possam surgir. Caballo (1987) instituiu como "comportamentos socialmente habilidosos":

> *Um conjunto de comportamentos emitidos por um indivíduo no contexto interpessoal, que expressa sentimentos, atitudes, desejos, opiniões ou direitos do indivíduo de um modo adequado à situação, respeitando esses comportamentos nos demais, e que geralmente resolve uma situação ao mesmo tempo em que minimiza a probabilidade de problemas futuros* (p. 240-241).

Del Prette (1980) sugere que o professor capacitado a utilizar os preceitos de Caballo promoverá, com maior probabilidade para os alunos, três classes de aquisição de aprendizado, defendidas pela autora como "objetivos educacionais relevantes", são elas: 1) aquisição de conteúdos de conhecimento; 2) aquisição de um repertório de habilidades (conjunto de comportamentos que o indivíduo deve ser capaz de emitir em sua interação com o ambiente); 3) aquisição de uma visão pessoal do mundo e de si próprio.

Para Silva e Davis (1993), os programas de capacitação e aperfeiçoamento são concebidos de forma distante e (ou) separada da prática pedagógica, exigindo o afastamento das salas de aula ou a ocupação de fins de semana, férias ou finais de expediente para a participação em cursos.

No Paraná, o governo estadual criou a Universidade do Professor que, de acordo com o Programa de Capacitação para Profissionais da Educação, da Secretaria Estadual da Educação (2000/2001), desenvolve programas de capacitação aos professores da rede pública de ensino nas modalidades: atualização, proficiência, aperfeiçoamento, projetos e pós-graduação. No centro de capacitação de Faxinal do Céu-PR, onde a maior parte das atividades são realizadas, os auditórios possuem 500, 250 e 92 lugares. Lá, os seminários de atualização e cursos ocupam mais da metade das vagas anuais oferecidas aos docentes, e seus conteúdos priorizam as gestões pedagógica e administrativa. Os raros temas inter-relacionais, como Mediação e Resolução de Conflitos, são destinados aos diretores e administradores escolares. Não foi realizado no programa 2000/2001 qualquer atividade sobre habilidades sociais e comportamentais na relação professor–aluno, com exceção de um seminário oferecido em 2000 sobre Inteligências Múltiplas denominado "Educando através da Motivação". Visitamos, recentemente, a Secretaria de Educação a Distância (Seed), para a devida atualização desses dados, e constatamos que os critérios de 2000 prevalecem atualmente, ou seja, não há nenhuma previsão para a implantação de programas relacionados ao desenvolvimento de habilidades sociais aos educadores. Ribas (1989) distribuiu, em Ponta Grossa-PR, 600 questionários a professores de 5ª a 8ª série e de Ensino Médio, objetivando saber quem passou por treinamentos, quais eram eles, qual era a opinião dos docentes sobre essas atividades, se elas produziram efeitos na prática de cada um e quais eram os efeitos e as sugestões dos professores para futuros treinamentos. Os questionários foram distribuídos em assembléias, escolas e até na casas dos professores. Foram recebidos somente 120 questionários respondidos, dos quais a pesquisadora selecionou 100. Ela visitou 20 professores para realizar entrevistas semi-estruturadas e gravadas. Seguem alguns trechos dessas entrevistas que, apesar de terem sido coletadas há duas décadas, são ainda atuais:

> "O professor precisa de reflexões sobre sua prática, sobre o trabalho que está realizando, isso os cursos de treinamento não oportunizam" (p. 129).
>
> "Os cursos são muito presos a conteúdos, quando voltamos à sala de aula temos dificuldades para transferir esses conteúdos para a prática" (p. 130).
>
> "Realmente eu preciso aprender a trabalhar bem com técnicas de dinâmicas de grupo para poder produzir mais em minhas classes, que continuam com muitos alunos. Além disso, conhecer melhor a realidade do aluno e da comunidade em que está inserida a escola" (p. 133).
>
> "Acredito que precisaria conhecer mais sobre como trabalhar com o tipo de criança que temos na escola hoje, para despertar sua vontade de aprender" (p. 133).
>
> "O que acontece é que muitas vezes a gente faz o curso, fica de certa forma animado em realizar alguma coisa nova, mas depois vem para a escola, sozinho, faz se qui-

ser, porque ninguém ajuda, mas também não cobra nada, então passa o tempo e não realizamos nada" (p. 138).

Ribas (1989) confirmou a insatisfação da maioria dos professores quanto à forma como foram e têm sido conduzidos os cursos que são episódicos e descontínuos. Os professores, então, sugerem maior continuidade e uma orientação mais próxima do trabalho que realizam. Entretanto, apenas um terço dos informantes mostrou preocupação com o conhecimento mais aprofundado sobre os fundamentos da educação e com os aspectos políticos e ideológicos que perpassam o sistema educacional, o que indica a falta de formação política da maioria dos profissionais de ensino. O restante desses professores solicita "o modelo", "a fórmula mágica", "a receita" para solucionar os problemas com os quais se defronta.

Conclui Ribas (1989) que, como não tomam por base o levantamento das necessidades para sua programação, os treinamentos normalmente pressupõem certas falhas nos professores e predeterminam um conjunto de conhecimentos, competências e métodos adequados que precisam ser trabalhados, procurando o ajustamento das pessoas a determinadas situações. São cursos descontínuos, episódicos e descontextualizados, e, também por isso, as mudanças não acontecem, as alterações planejadas ficam apenas na superfície. Na sala de aula, a cartilha é a mesma, e as normas, as práticas e o relacionamento professor–aluno não são modificados.

Núñez (1995) desenvolveu e aplicou um programa de treinamento motivacional em professores da Educação Básica com idade entre 35 e 40 anos, em Caracas (Venezuela), objetivando modificar cognições e comportamentos dessa população. Após um levantamento, via questionário, de pensamentos, crenças e atitudes sobre estratégias motivacionais adequadas, desenvolveu e aplicou o programa de treinamento aos 12 professores durante cinco meses, em 12 sessões de 90 minutos. O pós-teste revelou que os professores incrementaram seus conhecimentos sobre estratégias motivacionais adequadas e modificaram suas crenças e suas metas, porém o trabalho desenvolvido não previu evidências diretas do efeito do programa sobre as condutas dos alunos.

Também Del Prette, Del Prette, Garcia, Silva e Puntel (1998) criaram um programa de desenvolvimento interpessoal e profissional cujo intuito era promover a habilidade do professor em estruturar interações sociais educativas. Participaram do treinamento 22 professores, na Delegacia de Ensino de São Carlos-SP, ao longo de dez sessões de quatro horas. Fez-se um estudo de caso com a participação de uma professora de 47 anos do Ensino Fundamental da rede estadual de São Carlos. Ela foi filmada por 20 minutos. Em pré-teste, durante sua atividade em sala, categorizaram-se classes e subclasses de desempenho em sala de aula sobre interações professor–aluno e professor–classe. Deu-se o treinamento com "exposições teóricas articuladas a exercícios vivenciais de treino e de avaliação por meio de técnicas cognitivo-comportamentais como o *role-playing*, a modelação, o ensaio comportamental, a reestruturação cognitiva, etc." (p. 595). Na seqüência, foi realizada uma nova filmagem de 20 minutos — pós-teste. Com base nas freqüências das classes e subclasses de desempenho, foi feita a comparação entre o desempenho pré e pós-intervenção. Os resultados sugerem importantes mudanças no desempenho da professora em direção aos objetivos da intervenção, porém, a exemplo do estudo de Nuñez (1995), o programa também não previu investigar os efeitos das mudanças no repertório interpessoal do professor, sobre o comportamento e o rendimento dos alunos, mostrando, com isso, que a essência do processo não tem sido relevada e que o intuito final, a verdadeira educação do aluno, não está sendo medido.

Assim, o treinamento adequado deve ser organizado a partir de um programa orientado para as necessidades específicas do grupo a ser treinado, visando sempre a um objetivo final. O treinamento será composto de técnicas que fujam dos sistemas clássicos nos quais o treinador transmite aos treinandos seu conhecimento acumulado. Sobre isso, Stichter, Shellady, Sealander e Eigenberger (2000) sugerem que o treinador deve proceder com precaução, desenvolvendo programas de treinamento relacionados somente ao conteúdo que ele domina, pois assim estará caracterizada a questão da competência e da ética profissional. As técnicas com propostas de participação ativa e interação do treinando em processos como o *role-playing* (dramatização, desempenho de funções e técnicas de desempenho de papéis), freqüentemente utilizadas em treinamentos (Marques, 1983), visam à qualidade das relações interpessoais e à motivação do comportamento, de forma que os participantes são encorajados a experimentar comportamentos diferentes do seu padrão costumeiro de inter-relação com outras pessoas, sem as conseqüências que adviriam de tal experiência na vida real, e técnicas outras como a modelação e o ensaio comportamental poderão complementar o programa.

Para Colombier, Mangel e Pedriault (1989), no que diz respeito ao ato de aprender, o professor faz parte da turma. Acrescentam que, a partir do momento em que se considere que alunos e professores estão ligados às tarefas comuns, não existirá mais aquele que impõe e aquele que deve obedecer (ou que se revolta). Concluem as autoras que a escola não pode ser mais um lugar de transmissão oral do saber pelo mestre, mas um lugar de apropriação do saber e do saber fazer de cada um.

Sobre o aproveitamento dos conteúdos de treinamento, Ribas (1989) concluiu em seu estudo que as modificações não acontecem de um momento para o outro, apenas pela realização de um curso, mas são processadas ao longo do tempo pelas várias vivências e experiências pelas quais as pessoas passam e por todas as influências, dos mais variados tipos, que recebem do meio em que vivem e o qual também influenciam, o que nos leva a concluir que, se trabalhos dessa natureza tivessem sido realizados quando da formação dos docentes, estes estariam mais bem-preparados paras as relações interpessoais com seus alunos.

Percebemos, então, que pode estar na formação do professor o substrato necessário para o desenvolvimento das suas habilidades sociais e comportamentais, porém, como já mostramos aqui, pelas referências de Colombier, Mangel e Perdriault (1989), Morais (1995) e Candau, Lucinda e Nascimento (1999), a qualidade da formação de professores no Brasil é discutível, principalmente no que se refere ao seu preparo para a inter-relação com os alunos e ao seu compromisso social. Os cursos de capacitação, de acordo com Perosa (1997), dão pouca ênfase à capacidade inter-relacional do professor, por privilegiarem o estudo da competência pedagógica, completando o quadro negativo que acaba, por sua vez, justificando comportamentos e reações negativas de muitos profissionais do ensino.

Aqui, eu encerro a revisão de literatura a respeito do comportamento social aprendido, do papel atual da escola na educação brasileira e do papel do professor frente às dificuldades naturais das relações humanas, principalmente, das relações professor–aluno. Concluo que o professor é vítima de um sistema que não o reconhece em sua essência. Isso inclui desde o nível de formação até o nível familiar, notadamente a família que "deposita" seu filho na escola com o argumento "estou pagando para vocês o educarem", por pura falta de tempo (e de consciência) desses pais em realizar seu papel, transferindo ao professor e à escola a responsabilidade que deveria ser deles. A escola e o professor também são vítimas desses pais incompetentes, pela maneira como criaram os filhos, haja vista os erros que cometem e que estão citados em *Pais Competentes, Filhos Brilhantes* (Feijó, 2005) e em *Os 10 erros que os pais cometem* (Feijó, 2006), e, agora, a conseqüência dessa "educação" aparece na escola, ilustrada pelos comportamentos anti-sociais desses jovens.

Agora, darei início aos temas: *Stress*, motivação, habilidades sociais, comunicação e suas distorções, manipulação relacional, conflitos e métodos para a sua resolução, reforçamento positivo, vínculos professor–aluno–família, valores sociais e as dinâmicas de grupo em sala de aula. O leitor rapidamente perceberá a mudança na forma da apresentação e terá a sensação de estar lendo outro livro, com uma linguagem mais coloquial. Para a segunda parte, não houve tanta preocupação com profundas fundamentações, haja vista que o propósito é outro, como poderá ser percebido.

Parte 2

A CONSTRUÇÃO DO VÍNCULO

Numa faculdade aonde eu dei aulas de Psicologia Aplicada por alguns anos, um colega professor era famoso por várias características pessoais positivas, entre as quais, a de ser exigente, de conduzir os seus alunos ao melhor aproveitamento da instituição na sua disciplina e de ser muito querido pelas suas turmas, entre outras. Esse professor tinha o hábito de atirar pedaços de giz nos alunos dispersos durante as suas aulas e nunca teve qualquer problema por conta disso. Os alunos somente riam da situação cada vez que ele estabelecia os limites atirando aqueles pedacinhos de giz em quem estivesse conversando e, rapidamente, todos retomavam a atenção à aula.

Certa vez, uma aluna de uma dessas turmas, foi queixar-se à coordenação, de outro professor que havia atirado um pedaço de giz nela. A coordenadora, curiosa, argumentou: "o professor `A´ atira giz em vocês há vários anos e eu nunca recebi qualquer reclamação por isso. Agora, o professor `B´ atira giz pela primeira vez, não produz nenhuma conseqüência com o ato, e você vem reclamar?" — A aluna respondeu em cima: "O professor `A´ pode atirar quanto giz ele quiser, ele pode! O professor `B´ não, ninguém lhe deu essa liberdade na sala".

Esse diálogo ilustra com propriedade no quê consiste o conceito de vínculo. Trata-se de uma relação de confiança, afeto e respeito entre duas ou mais pessoas, construída ao longo do tempo. O professor "A" conquistou essa posição em razão do seu comportamento pró-social com a turma ao longo das aulas enquanto o professor "B", menos flexível, menos afetivo e mais autoritário não formou o vínculo necessário para deter a liberdade de "jogar giz nos alunos".

O leitor pode realizar agora uma breve reflexão sobre o tema. Tente lembrar-se de amigos e parentes com os quais um vínculo foi estabelecido no passado. Perceba que essas pessoas podem tudo (ou quase tudo), nas relações entre vocês. Você sente-se seguro em revelar-lhe até os seus segredos mais íntimos, você suporta com toda facilidade até as agressões e humilhações dele, a interpretação sempre é "é para o meu bem!". Podem até brigar, mas as pazes são feitas rapidamente, há interesse no outro, você sabe que pode contar com ele e confiar. Agora reflita sobre uma relação na qual o vínculo não existe, pode ser um parente, um patrão, um colega. Perceba que com essa pessoa você tem limites estabelecidos sobre os níveis de intimidade e confiança, você até o respeita, é fiel e prestativo, no entanto há um limite, ele não pode tudo.

Como esse vínculo é produzido? Quais são as variáveis que o compõem? Vamos falar sobre isto neste capítulo. Porém, antes, temos dois temas transversais responsáveis por uma grande parcela do nosso equilíbrio pessoal e social: a motivação e o *stress*.

MOTIVAÇÃO

A motivação humana é um conjunto de condições responsáveis pela variação na intensidade, qualidade e direção do comportamento. Essas condições são intrínsecas e extrínsecas ao indivíduo. Um comportamento motivado se caracteriza pela energia relativamente forte nele despendida e por estar dirigido para um objeto ou meta.

É relativamente fácil e gratificante identificar um educador motivado, ele está sempre feliz, não só na escola onde trabalha, mas em casa também. A energia para as atividades que requerem a sua atenção é forte, ele está constantemente atualizado e busca formas alternativas para a solução dos vários problemas surgidos no dia-a-dia, ele raramente se irrita, ele não é visto nas rodas de professores falando mal do sistema e da instituição onde trabalha, muito menos dos pais de alunos e dos próprios. Ele tem profunda consciência dos impedimentos aos projetos sócio-pedagógicos e das dificuldades, de todas as naturezas, pelas quais todos os educadores passam. No entanto é um exemplo de resiliência, está sempre em busca de soluções, possui um bom limiar para lidar com as frustrações, não se cansa, é otimista, flexível, disciplinado e humorado.

Para que se compreenda de forma mais simples o complexo tema motivação, um bom exercício é associar motivo com necessidade. Esta tem como conceito "uma condição interna relativamente duradoura que leva o indivíduo a persistir num comportamento orientado para um objetivo". Como exemplos corriqueiros de necessidade, podemos citar fome, sede, curiosidade... No entanto temos necessidades mais complexas como a de afeto, por exemplo, ou de realização pessoal ou profissional que referem-se ao exemplo do professor motivado.

Quando demonstramos uma necessidade específica, seguramente o nosso foco volta-se para o incentivo "objeto, condição ou significação externa para o qual o comportamento se dirige" como água, alimento, dinheiro... Assim como o incentivo para quem tem sede é a água, o incentivo do professor motivado é o aluno, a escola, a família e o sistema pelo qual ele pode atingir essas variáveis.

Definimos como impulso, a força que põe o organismo em movimento. Assim, se a sede é pouca o nosso impulso é fraco para buscar água, no entanto, caso a sede seja forte, parece que todas as nossas atenções se voltam para a variável água e onde consegui-la. Esse fenômeno justifica a energia despendida (impulso) pelo professor motivado. Ao contrário, professores que priorizam o *status*, o poder, o emprego e o salário em detrimento ao aluno e seu progresso, ou seja, professores que limitam-se a passar matérias ao invés de educar, não demonstram necessidades, não identificam os incentivos adequados e o impulso é fraco. Esses deveriam repensar a sua profissão de educadores.

Outro fator transversal de grande importância e influência nos fenômenos que dificultam os processos educacionais é o *stress*. Vamos tentar compreendê-lo.

STRESS

Diz-se de algo do qual foi exigido muito mais do que seu limite de tolerância. É exclusivo e individual para cada pessoa — "o que é relaxante para alguns, pode ser estressante para outros". No entanto, o *stress* é necessário e fundamental nas nossas vidas, nos faz reagir. Por outro lado, o *stress* em excesso como o emocional, por exemplo, pode produzir graves doenças.

Vários eventos são intrinsecamente estressantes: dor, frio ou calor intenso, fome, etc. — outros pela interpretação que damos a eles como uma prova, por exemplo, fato que justifica o estado alterado dos alunos nas épocas das provas e de alguns professores tentando inibir as "colas". Percebe-se, claramente, que professores não motivados para a atividade profissional, sofrem sobremaneira e desenvolvem *stress* com muito mais intensidade, dada a interpretação negativa que dão para a função do educador. De qualquer forma, o *stress*, como conhecemos, não surge assim, de uma hora para outra, são três estágios progressivos:

1) **Alerta** – fase na qual situações desconfortáveis específicas como o trânsito, por exemplo, podem produzir alterações hormonais — transpiração, — tensão muscular, etc. A principal característica para identificar o estágio de alerta é detectar as situações que no passado não traziam qualquer alteração de humor e hoje trazem. Um professor que antes lidava bem com uma turma indisciplinada, poderá estar no estado de alerta quando perceber que hoje não consegue mais controlar a mesma situação como fazia, e fica emocionalmente alterado

por isso. Um exemplo de sintoma físico muito comum nessa fase é a azia.

2) **Resistência** – A constante repetição da situação desconfortável condicionará o indivíduo a manter, quase que constantemente, os sintomas da fase de alerta. Por exemplo: se a situação da turma indisciplinada tende a se repetir constantemente ele ficará tenso já ao sair de casa para ir à escola. Nessa fase aquela azia já está se transformando em gastrite.

3) **Exaustão** – A impossibilidade de sair da situação frustrante ou de não saber lidar com ela, pode desenvolver doenças físicas como enxaqueca, hipertensão, lombalgia, insônia, etc. e doenças psicológicas como depressão e ansiedade. É comum identificar esses sintomas em professores não motivados. Nesta fase, mantendo o mesmo exemplo anterior, a gastrite tenderá a evoluir para úlcera.

Os principais autores sobre o tema *stress* dão as seguintes dicas para o controle do desequilíbrio:

- Reconhecer seus limites;
- Compartilhar o *stress;*
- Praticar atividades físicas;
- Cuidar-se com descanso e sono;
- Reservar tempo para distrações;
- Ser socialmente participante;
- Chorar, relaxar;
- Promover mudanças no ambiente;
- Evitar automedicação.

Sobre a ação direta no fator estressante, são três possibilidades, na ordem:

1ª) Eliminação ou redução do estímulo estressor – Quando for possível desligar um som muito alto ou diminuir o volume, por exemplo, fechar uma cortina para se proteger do sol ou uma janela para se proteger do vento frio, estaremos reduzindo ou eliminando o possível estímulo estressor, no caso. No entanto, nem sempre é possível. Sendo assim, poderemos então, tentar a segunda opção.

2ª) Dominação do estímulo estressor – Neste caso, tapar os ouvidos com algodão, mudar de lugar para não tomar sol quente ou vestir um agasalho para se proteger do vento frio da janela, são opções de domínio sobre o estímulo estressor. Porém, nem sempre essa opção é possível também. Restará a última opção.

3ª) Reinterpretação do estímulo estressor – Autocontrole sobre "o som alto estar incomodando", uma releitura do contexto. Por que não posso também curtir um pouco esse som? Por que as resistências? Que tal aproveitar e tomar um pouco de sol hoje? Por que não? Sobre o vento frio, reinterpretar se realmente está tão frio assim, se os outros também estão reclamando ou é uma questão pessoal.

Existem situações em que não é possível reduzir ou dominar o estímulo estressor. Por exemplo: você está indo para casa a pé e começa uma intensa chuva. Você não pode desligá-la nem diminuí-la. Também não pode dominá-la já que não tem guarda-chuva ou capa impermeável. Restam duas opções: se proteger até que a chuva passe (um tempo indefinido) que vai deixá-lo irritado, mudar os planos de ir para casa e ficar no shopping, por exemplo, ou reinterpretar a situação: Está um dia quente, por que não tomar um banho de chuva hoje? — Chegando em casa é só se secar e trocar de roupa.

A reinterpretação do estímulo estressor é uma prática que chega a nos surpreender quando a praticamos. Muitas vezes as soluções estão ao nosso alcance, no entanto, não as vemos, cegos pelos condicionamentos de que as coisas têm de acontecer do jeito que as projetamos.

Percebe-se que os dois temas, motivação e *stress*, são de grande importância para facilitar ou complicar a formação do vínculo entre professores e alunos, portanto precisam ser identificados e devidamente processados. Vamos agora compreender outra importante variável para a qualidade dessas relações: as habilidades sociais.

HABILIDADES SOCIAIS

Segundo Del Prette e Del Prette (2001) e Caballo (1987), para falar sobre esse tema é muito interessante mostrar seu contraponto, ou seja, a inabilidade social, cujos 15 principais sinais são:

- Autoritarismo;
- Agressividade verbal (dificuldade na comunicação assertiva);
- Desrespeito às individualidades;
- Falta de repertório nas relações interpessoais;
- Dificuldade na "leitura" do ambiente;
- Baixo nível de confiança;
- Dificuldade no autocontrole;
- Indisponibilidade e fragilidade nas relações;
- Ausência de valores morais e éticos;
- Dificuldade em transmitir calor, afeto e apoio;
- Inflexibilidade emocional;
- Dificuldade de adaptação a mudanças;

- Baixo nível de informação;
- Auto-estima rebaixada;
- Auto-agressão.

A inabilidade social pode desenvolver no indivíduo comprometimentos, tensões, perdas e inseguranças capazes de gerar, além de representativas dificuldades nas relações interpessoais, uma variedade de problemas psicológicos que vão desde *strees*, inflexibilidade e perda da capacidade criativa até ansiedade, depressão e psicopatologias mais graves.

É claro que, se essa relação indica inabilidade social e suas conseqüências, as habilidades sociais são um conjunto dos desempenhos apresentados pelo indivíduo diante das demandas de uma situação interpessoal que o caracterizam como "ajustado". Ajustamento, de acordo com o psicólogo americano Abraham Maslow, é a característica do indivíduo mais espontâneo e comunicativo, menos bloqueado, menos crítico de si mesmo, mais aberto e honesto, que expressa facilmente seus pensamentos e opiniões sem medo do ridículo, que é intelectualmente flexível, que não teme o mistério e o desconhecido (ao contrário, é atraído por ele), que conserva características próprias da criança como vivacidade e inocência, o que, juntamente com uma inteligência adulta, torna-o uma pessoa muito especial.

Os componentes das habilidades sociais são essencialmente cognitivos–afetivos e comportamentais. Estes são os componentes verbais de conteúdo:

- Fazer perguntas/responder a elas;
- Solicitar mudança de comportamento;
- Lidar com críticas;
- Pedir/dar *feedback*;

- Opinar, concordar, discordar;
- Justificar-se, elogiar, recompensar, gratificar, agradecer;
- Fazer pedidos, recusar;
- Auto-revelar-se (uso do eu);
- Uso do humor.

Tudo isso significa, em outras palavras, dizer "obrigado", "por favor", "com licença", etc., habilidades que, muitas vezes, não estão presentes no repertório de muitas pessoas. Por outro lado, o professor, por exemplo, que possui essas habilidades e as pratica com seus alunos, invariavelmente é querido e respeitado por eles.

Freqüentemente executo uma dinâmica de grupo com alunos, no ambiente de uma sala, que pode ser aplicada em qualquer idade ou fase de educação:

1) Pede-se que formem subgrupos de acordo com a turma e o espaço;
2) Cada grupo deverá relacionar, por escrito, palavras ou frases agressivas que estão presentes em vários segmentos sociais, em casa, no trabalho, na escola, etc.;
3) Passa-se ao relato das frases de cada grupo. O professor registra na lousa as frases mais representativas de cada grupo como "faça o que eu estou mandando", "cala a boca", "seu incompetente", "não fez mais do que a obrigação", etc.;
4) Cada grupo deverá construir uma frase sem agressividade para substituir a agressiva. No entanto, não o grupo que construiu a frase, e sim outro grupo (a saber: o grupo 1 vai achar outra forma de dizer a frase registrada do grupo 2, por exemplo, e assim sucessivamente);

5) Discussão a respeito de como, muitas vezes, somos agressivos em nossa comunicação por falta de consciência e autocontrole em sermos menos agressivos e mais criativos nas habilidades sociais de comunicação.

Outras habilidades sociais comportamentais são chamadas de verbais de forma. Por exemplo: a regulação da fala — volume, entonação e fala rápida ou lenta. Há necessidade de um controle coerente dessas variáveis, principalmente pelo professor. Qualquer um que falar muito rápido ou lentamente, baixo ou alto demais, provocará alguma forma de desconforto nos alunos, e isso é porta aberta para a instalação de conflitos.

Finalizando o tópico das habilidades sociais comportamentais, apresentamos as não-verbais:

- Olhar e contato visual;
- Sorriso, gestos, expressões facial e corporal;
- Movimentos com a cabeça;
- Contato físico, distância e proximidade.

Aqui, a expressão corporal denota, muitas vezes, mais importância na comunicação do que a verbal. Por exemplo: um professor pode dizer ironicamente ao seu aluno "tudo bem", quando, obviamente, não está nada bem. Ou pode falar que está contente e demonstrar uma expressão triste. O que será processado pelo aluno é, antes de mais nada, o comportamento não-verbal em detrimento do que está sendo dito. Procure se lembrar que isso ocorre conosco. Se, em algum momento alguém nos fez uma promessa, demonstrando insatisfação ou sinais negativos ao que prometeu como, expressão negativa com a cabeça ou qualquer gesto incongruente com o conteúdo, sentimo-nos inseguros e desprotegidos. É assim mesmo; nós acreditamos muito mais no que não é dito. Os outros componentes das habilidades sociais são os cognitivos–afetivos. Tratam-se dos conhecimentos prévios sobre a cultura e o ambiente, os papéis sociais e o autoconhecimento. Essa percepção do meio e dos papéis tem se mostrado rara nas várias etapas do desenvolvimento. Poucas são as pessoas que apresentam clara autopercepção. Elas tendem a crer que são como acham que a sociedade quer que sejam e não como realmente são. Quanto menor a autopercepção, menor a percepção sobre os papéis sociais. Alunos que não têm de forma clara essas percepções confrontam, com certa freqüência, a autoridade do professor em sala de aula, proporcionando sérias dificuldades. Sobre os conhecimentos prévios a respeito da cultura e do ambiente, eu costumo, em minhas aulas e palestras, ilustrar o tema que indica a ausência dessas habilidades nas pessoas com o dito popular "falta de semancol e de desconfiômetro". Estou referindo-me aos indivíduos que contam piadas em alto tom em velórios, que insistem em manter intimidade com figuras de autoridade que acabaram de conhecer, que se vestem de forma não condizente com o ambiente e com o momento, etc. É aquele sujeito apontado como o "confiado" nas várias situações sociais. Na escola, é o aluno que mexe nas coisas dos outros, que sugere intimidades com as meninas, que sai toda hora da sala e provoca grandes transtornos. Quando tentamos trazê-lo à realidade, diz: "O que é que eu fiz?", "O que é que tem?", "Por que não pode?", etc.

Existem quatro teorias que podem explicar as causas dessas dificuldades interpessoais. A primeira delas é o *déficit* de repertório: o desempenho socialmente incompetente ocorre por causa da ausência ou *déficits* nos comportamentos verbais e não-verbais. São três motivos básicos: restrições de oportunidades de experiências em função da pobreza, relações familiares empobrecidas (pais agressivos, pouco empáticos) e inteligência rebaixada. Os três motivos têm a mesma origem, ou seja, muitas crianças nascidas e criadas em ambiente economicamente pobre dificilmente tiveram oportunidades para desenvolver habilidades sociais. Muitas mães dessas crianças tiveram gestação difícil, apresentando desde subnutrição até o uso de drogas e agressões físicas. A probabilidade de seus filhos já nascerem com dificuldades neurológicas e comprometimentos em várias áreas é muito grande.

O *déficit* de repertório, em muitas crianças matriculadas nas escolas da rede pública, representa grande dificuldade para o professor. São crianças que, predominantemente, não convivem socialmente — são anti-sociais e apresentam grande dificuldade em acompanhar os colegas. O professor tem pouco a fazer, justamente por não estar habilitado a trabalhar com essa população, o que lhe traz muitos transtornos. Todos sabemos da dificuldade do professor em manter em sala de aula alunos que não estão em sintonia com as propostas pedagógicas e disciplinares da escola. E mais: seus pais quase sempre não se importam com isso e tentam transferir para a escola toda a responsabilidade, inclusive a de motivar o jovem a estudar. Estes, na maioria, serão repetentes e/ou expulsos.

Em 2003, coordenei um projeto do Ministério Público de São José dos Pinhais-PR, que tem por objetivo o resgate de alunos ausentes da escola. Trata-se de uma ação social para a conscientização dos pais sobre seus deveres. Há uma lei de responsabilidade (abandono intelectual) que penaliza os pais que não se empenham em manter os filhos menores na escola.

Após vários avisos, reuniões e encontros educativos promovidos pela escola e pelo conselho tutelar, o aluno ausente e seus pais foram chamados à responsabilidade. Esses encontros não mostraram resultado, e o Ministério Público, frustrado, poderia ou deveria punir esses pais. No entanto, atitudes dessa natureza trariam maiores problemas como a prisão do provedor familiar, por exemplo. Por isso, foi criado o projeto Abrace, que tem por objetivo a derradeira tentativa de levar essas crianças à escola novamente.

Trata-se de um programa inicialmente coercitivo que, via Ministério Público, intima esses pais a comparecer à reunião sob sanção de ações penais. Nos encontros, uma equipe formada por psicólogos e assistentes sociais realiza o levantamento dos motivos da evasão escolar. Os relatórios apresentam justificativas que vão desde "eu preciso da ajuda da minha filha (9 anos) em casa para cuidar da menorzinha enquanto eu estou fora trabalhando" até "não sei do meu filho. Ele é dono do seu nariz desde os 8 anos, já fugiu de casa e não quer saber de ir à escola". São respostas que ilustram claramente uma realidade pouco conhecida, a luta pela sobrevivência de forma desordenada e cruel que passa por cima de valores sociais e familiares de tal forma que poucas pessoas compreendem. Após o levantamento, cada pai ou mãe (raramente os dois juntos, já que, na maioria das vezes, são separados), oferece uma proposta de solução que implica em compromisso. Geralmente, são propostas do tipo: "eu me comprometo a tentar descobrir por onde ele anda e comunicar-lhe" ou "comprometo-me em procurar uma creche para minha filha menor para liberar a maior para ir à escola". Junto com esse compromisso a equipe também assume outros como o de ampliar as possibilidades dessa mãe conseguir a creche, por exemplo, e uma nova reunião é agendada para 30 dias. No encontro subseqüente, a situação é avaliada pela equipe e novas propostas são colocadas em pauta até ser encontrada uma solução que, para o Ministério Público, é o retorno da criança à escola ou à sua tutela, no caso dos pais serem considerados incapazes.

A experiência mostrou que, na maioria das vezes, a solução acontece em dois encontros somente. Geralmente, os pais, acuados pela ameaça do Ministério Público, passam a levar a sério sua responsabilidade em manter os filhos na escola. Nesses casos, a equipe reforça aos pais a importância do estudo para o futuro dos filhos e de sua responsabilidade nesse processo. No entanto, essa criança, às vezes, não tem motivação para os estudos, pois sempre teve a opção de ir ou não à escola, e, agora, é obrigada a freqüentá-la. Normalmente, apresenta comportamentos anti-sociais como a indisciplina, e, novamente, recai sobre o professor a desgastante tarefa da reeducação, da qual estamos falando aqui.

A segunda teoria que explica o *déficit* nas inter-relações pessoais é a inibição mediada pela ansiedade. A ansiedade é uma patologia psicológica que pode inibir as iniciativas de integração, levando o indivíduo à esquiva ou fuga dos contatos sociais. Existem indivíduos tão ansiosos que somente conseguem viver semi-isolados. Quando são obrigados a interagir e não podem se esquivar ou fugir, chegam ao ponto de bloquear-se, apresentando sinais e sintomas próprios da patologia, que são: sudorese, respiração ofegante, descontrole motor, mal-estar e forte sensação de ameaça e desconforto.

Ao longo da minha carreira de professor, tenho presenciado muitos casos assim. Alunos que, aparentemente, são equilibrados e de boa fluência verbal, quando são chamados à frente da turma para apresentar um seminário, por exemplo, simplesmente não conseguem, ficam bloqueados. A postura do professor nesse momento é fundamental. Deve ser de apoio ao aluno, inibindo qualquer manifestação negativa da turma e explicando que isso pode acontecer com qualquer um. Aliás, é quase impossível que alguma ansiedade não esteja presente quando a pessoa se expõe. Tenho visto relatos de grandes atores que, apesar da vasta experiência, sempre sentem um "friozinho na barriga" antes de entrar em cena. Cabe ao professor o diálogo com esses alunos para a identificação das causas, para a motivação ao enfrentamento (a única maneira de dar conta desses medos), para aconselhamentos a respeito de ser a escola um local de aprendizado e que ali é possível e aceitável errar, e, se necessário, para o encaminhamento desse estudante.

Sobre esse quesito, vou relatar uma experiência com um paciente clínico que ilustra a principal causa das fobias sociais; um evento traumático, normalmente ocorrido em algum momento da vida, principalmente na infância.

Certa vez, um jovem me procurou para atendimento psicoterápico. Contava então com 25 anos, era formado em Análise de Sistemas e estava concluindo mestrado na área. Sua queixa era de uma ansiedade descontrolada ao se expor em público. Havia uma forte variável: ele ia defender sua dissertação de mestrado dentro de dois meses e não conseguia se imaginar frente à banca dos examinadores. Sofria muito com a possibilidade (real) de perder o controle na hora da apresentação.

Iniciamos a terapia e ele não conseguia lembrar a causa do medo. Utilizei, então, o recurso da hipnose clínica. Sob esse estado, o paciente lembrou-se de algo e relatou um evento ocorrido na sua infância, aproximadamente aos 8 anos. A professora chamou-o à frente para ler um ditado e ele teve alguma dificuldade na leitura. Os colegas riram, a professora pressionou-os mais ainda pedindo pressa, pois não tinha o dia todo, e o caos se instalou. Definitivamente, sob os risos da classe e a desaprovação da professora, ele bloqueou-se, ficou mudo e voltou à carteira. Após trazê-lo de volta da hipnose, relatei o ocorrido; ele lembrou-se, inclusive, de mais detalhes, e, desde então, diz: "Não consigo mais me expor em público".

Veja como um aparentemente inofensivo evento pode ser traumático para algumas pessoas, mas não para todas. É necessário uma certa predisposição do sujeito. No entanto, se o indivíduo não procurar ajuda, poderá passar a vida toda sofrendo as conseqüências de um trauma de infância. Nesse caso, a solução terapêutica foi bastante rápida. O paciente, em poucas sessões, resolveu seu problema e se saiu muito bem na defesa da tese. Aliás, as fobias sociais, em geral, são de fácil solução, basta que o paciente, motivado para mudanças e para o enfrentamento dos seus medos, encontre a terapia certa.

Contei essa história para ilustrar a importância do papel do professor em sala. Certa vez, numa conferência, eu disse a frase: "Todos os professores das séries iniciais e, mesmo, do Jardim e Pré-escola, deveriam ser Ph.D. em Educação Infantil", para reforçar o conceito da importância da educação com qualidade nos primeiros anos de vida, ao contrário do que se vê em muitas escolas e creches, nas quais as crianças menores são cuidadas por jovens assalariadas e, muitas vezes, sem o mínimo preparo, tanto pedagógico como psicológico e relacional, justamente no momento em que as crianças mais precisam de especialistas. Muitos pais desinformados dão preferência às creches mais "em conta", por acreditarem que seu filho, nesse momento, precisa somente de recreação. A minha frase gerou um grande debate após a conferência, o que propiciou novo encontro para falar de ética. E foi bom! Todos crescemos com o evento.

A terceira teoria para explicar dificuldades pessoais é a da inibição cognitivamente mediada. Trata-se de auto-avaliações distorcidas, expectativas, crenças irracionais, autoverbalizações negativas e padrões perfeccionistas que podem mediar comportamentos sociais inapropriados. Aqui, o comportamento indesejado é causado pelo aparato cognitivo do indivíduo, ou seja, pelos seus pensamentos. Quando alguém diz "eu não vou conseguir", dificilmente conseguirá, ou quando pensa "isso não é para mim" ou "eu não vou aprender", provavelmente fracassará. Outros são exigentes demais e deixam de fazer aquilo que só fariam do seu jeito. O professor pode exercer um forte papel modelador e motivador nos seus alunos quando mostra, por meio de exemplos, que é possível vencer e quando os motiva a conseguir objetivos pessoais com reforçadores. Sobre estes, falaremos mais adiante. No entanto, quero, aqui, apontar essa teoria como um dos fatores responsáveis por atitudes de muitos professores que estão abrindo mão do seu papel de educadores com o argumento "Não há mais jeito; desisto. Vou dar matérias. Quem quiser que aprenda!" São os desistentes que, assim como muitos alunos, precisam de motivação, de reforçadores para mudanças.

A quarta teoria, problemas de percepção social, refere-se à capacidade de identificação e leitura da situação social, do papel do interlocutor, das normas culturais prevalecentes e dos sinais verbais e não-verbais presentes. Existem alunos que, definitivamente, não conseguem identificar com clareza o que estão fazendo na escola. Chegam atrasados, conversam em sala, não fazem lição e, quando são inquiridos a responder o porquê de estarem ali, dizem "porque minha mãe mandou". Já falamos sobre isso antes, daqueles casos de falta de "semancol" e "desconfiômetro" que citei nas habilidades cognitivas afetivas. O aluno com esse perfil pode ser encontrado com facilidade em duas situações clássicas: na escola pública — quando vem de uma família comprometida socialmente, como vimos em *déficit de repertório* — ou na rede privada. Nesse caso, invariavelmente, trata-se do clássico exemplo de superproteção. Jovens superprotegidos podem perder o senso de responsabilidade, do seu papel, e, principalmente, da figura de autoridade, que para eles nunca existiu, assim como as normas. Certa vez, uma professora chegou aturdida na sala dos professores porque um aluno de 13 anos a enfrentou dizendo: "Não enche o saco e dê sua aula pra quem quiser assistir. Deixe-me em paz. Sou eu quem paga seu salário!" Repetidamente, temos visto na mídia essa mesma frase sendo dita por alunos de escola pública com uma simples modificação na parte final, que é substituída por "se não eu te mato!"

Um amigo, professor de Educação Física de uma escola pública da periferia, relatou-me ter percebido que alguns alunos adolescentes não participavam das atividades diárias e se reuniam num canto da quadra para fumar durante a aula. Quando tentou fazê-los participar e envolvê-los nos jogos, ouviu: "Cai fora, professor, fica na tua!" Disse-me ele que a forma como essas palavras foram ditas o deixou sem ação, literalmente com medo. Mais tarde, soube que aqueles alunos eram usuários e traficantes de drogas e que freqüentavam a escola para manter suas atividades criminosas e aliciar novos consumidores. Isso não é novidade, pois há escolas que mais parecem prisões, cheias de grades. Prisões ao contrário, na qual todos tentam se proteger das pessoas do lado de fora;

protegem-se de quem perdeu (ou nunca teve) uma percepção correta da escola e do seu papel. Com a explicação das possíveis causas das inabilidades sociais que originam as dificuldades inter-relacionais, o leitor, agora, possui um instrumento para avaliar caso a caso, inclusive a si próprio. Uma auto-avaliação da sua estrutura e do seu próprio papel poderá facilitar, e muito, as relações em sala de aula. Há uma antiga parábola de uma mãe que levou seu filho ao mestre e pediu a ele que disesse à criança para parar de consumir açúcar. O mestre pediu que a mãe voltasse em uma semana. Na semana seguinte, a mãe retornou com o filho, e o mestre, olhando nos olhos da criança, disse com firmeza: "Pare de consumir açúcar". A mãe, curiosa, perguntou ao mestre porque a mandou voltar somente em uma semana para dizer isso ao filho, e o sábio lhe respondeu: "Uma semana atrás, eu consumia açúcar!"

Precisamos rever nosso comportamento e adequá-lo às várias situações com as transformações necessárias para, então, propormo-nos a educar. Devemos identificar se as nossas próprias habilidades comportamentais e cognitivas afetivas são coerentes com o que exigimos dos nossos alunos.

COMUNICAÇÃO ASSERTIVA

Existem três formas clássicas de comunicação. A primeira é a agressiva, na qual o indivíduo diz o que quer, na hora que quer e para quem quer. A segunda é a passiva, em que o indivíduo não diz o que gostaria de dizer. Tanto uma como a outra não nos interessam. Afinal, estamos falando em habilidades sociais positivas. O que nos interessa é a terceira: a comunicação assertiva na na qual a expressão de pensamentos e sentimentos (positivos ou negativos) para a defesa dos direitos e dos valores, levam em conta o que as pessoas sentem e seu bem-estar. Quer saber em qual das três categorias você se encontra? Faça o teste abaixo. São somente cinco questões, mas suficientes para uma rápida auto-avaliação.

1) Você comprou seu refrigerante favorito no mercado, e, depois de sair, descobre que está faltando um real no troco:
Eu_____
_____
_____

2) Você pede um filé malpassado e ele é servido no ponto:
Eu_____
_____
_____

3) Você está saindo de carro para um compromisso e vai dar carona a um amigo. O amigo, disperso, está andando de um lado para o outro há quase meia hora e você vai se atrasar:
Eu_____
_____
_____

4) No posto, você pede que abasteçam 50 reais de gasolina. O funcionário enche o tanque e cobra 95 reais:
Eu_____
_____
_____

5) Enquanto você espera que um vendedor acabe de atender um cliente que estava à sua frente, entra outro cliente e é atendido antes de você:

Eu_____

_____

_____

A avaliação das respostas é simples: ou você disse o que veio à cabeça na hora e foi agressivo ou não falou o que gostaria de ter falado e se omitiu. Mas pode ser também que suas respostas tenham apontado para um resultado de assertividade. Parabéns, se foi o caso. No entanto, apesar de acharmos que somos assertivos em nossas relações, após a simples execução de um teste desses, podemos facilmente concluir que somos passivos ou agressivos em nossa comunicação. O que fazer? Treinar assertividade pode ser uma boa ajuda!

O treinamento assertivo tem como objetivo facilitar que, numa situação de conflito, possamos expressar ao outro exatamente o que pensamos, sem sermos agressivos. É muito comum ver discussões originadas por diferenças de valores, nas quais cada um somente consegue visualizar o outro por meio dos filtros de seus próprios valores. É esse pré-conceito que nos faz julgar o outro pelo que acreditamos ser certo ou errado, e que, na maioria das vezes, impede-nos até de ouvi-lo, dada a intensidade da defesa de nossa posição.

Rubem Alves (www.rubemalves.com.br/quartodebadulaques.htm) produziu uma crônica chamada "escutatória", que retrata muito bem o quanto temos dificuldade em ouvir. Relata o autor, que são comuns os cartazes de cursos de oratória nas instituições de ensino, no entanto, diz, "nunca vi uma propaganda de curso de escutatória", e conclui, "deve ser porque não teria inscrições", sugerindo que nós temos resistência em aprender a ouvir, nossa maior deficiência na comunicação.

Ouvir empaticamente para reconhecer é fundamental, no entanto é preciso ter a consciência que reconhecer as diferenças e respeitá-las não significa aceitá-las e adotá-las, mas, antes, compreendê-las como a possível causa do conflito. E essa dinâmica pode ser, para muitos, um ato de aprendizagem. O sucesso do treinamento assertivo depende da motivação para mudanças, do autocontrole e da aprendizagem da técnica, que possui três partes:

1) **Empatia** — compreender o outro pelos valores dele, despidos de nossos próprios valores. Implica em autocontrole intenso, já que abrir mão (mesmo que temporariamente) dos nossos valores é tarefa das mais difíceis, porém não impossível. Para praticar empatia, precisamos fazer perguntas. Achar que determinada pessoa está com dor porque fez "cara de dor" não é empático. São nossos valores pré-concebidos, nossa inferência, que trouxeram essa informação. É preciso perguntar o que ele está sentindo, pois é principalmente pelo processamento da informação verbal que teremos o conteúdo verdadeiro da ação alheia. Caso contrário, poderemos ficar surpresos ao saber que essa pessoa não tinha dor alguma, e sim que expressava angústia, raiva ou, até mesmo, fazia exercícios faciais. Certa vez, perguntei a um paciente se ele sabia o que era empatia. Ele disse: "Sei! Empatia é você calçar o sapato do amigo que lhe disse estar com dor no pé porque há uma pedra no sapato". Certo o conceito, no entanto, nem sempre podemos nos colocar, literalmente, no lugar do outro. Podemos, sim, sentir o que ele está sentindo a partir do

seu relato, não com o objetivo de aceitarmos, mas de compreendermos o conteúdo. Há casos de adultos que perderam a mãe e se desestruturaram psicologicamente, e, ao relatarem seus sentimentos a alguns amigos, ouviram: "Deixa de frescura. Todos vamos morrer um dia!" O fato de você não sofrer com tanta incidência pela perda de um ente querido não significa que todos devem ter essas reações. Somos diferentes e precisamos reconhecer essas diferenças e respeitá-las para sermos empáticos.

2) **Reformulação** — reformular o que foi compreendido. Mesmo uma clara comunicação verbal pode ser mal-interpretada. Para assegurar-se de ter compreendido um enunciado, expresse-o com suas próprias palavras, ou seja, reformule o que compreendeu até obter a seguinte confirmação do seu interlocutor: "Sim, é isso aí mesmo que estou querendo dizer!"

Quem nunca presenciou a cena de um amigo relatando ao outro seu sentimento: "Cara, não é nada disso, você não entendeu nada do que eu falei!" Isso não é novidade. Muitas pessoas procuram por terapia somente para serem ouvidas e corretamente interpretadas. A frase "as pessoas não me compreendem" está presente no discurso de muita gente. Sobre isso, Artur da Távola identificou 11 pontos que mostram o quanto é raro e difícil se comunicar. São eles:

- Em geral, o receptor não ouve o que o outro fala; ele ouve o que o outro não está dizendo.
- O receptor não ouve o que o outro fala; ele ouve o que quer ouvir.

Parte 2 – A construção do vínculo

- O receptor não ouve o que o outro fala; ele ouve o que já escutou antes e coloca o que o outro está falando naquilo que acostumou ouvir.
- O receptor não ouve o que o outro fala; ele ouve o que imagina que o outro ia falar.
- Numa discussão, em geral, os discutidores não ouvem o que o outro está falando; eles ouvem quase que só o que estão pensando para dizer em seguida.
- A pessoa não ouve o que o outro fala; ela apenas ouve o que está sentindo.
- A pessoa não ouve o que a outra fala; ela ouve o que já pensava a respeito daquilo que a outra está falando.
- A pessoa não ouve o que a outra fala; ela retira da fala da outra apenas as partes que tenham a ver com ela e a emocionem, agradem-na ou a molestem.
- A pessoa não ouve o que a outra fala; ouve o que confirme ou rejeite seu próprio pensamento. Vale dizer: ela transforma o que a outra está falando em objeto de concordância ou de discordância.
- A pessoa não ouve o que a outra fala. Ouve o que possa se adaptar ao impulso de amor, raiva ou ódio que já sentia pela outra.
- A pessoa não ouve o que a outra fala; ouve da fala dela apenas aqueles pontos que possam fazer sentido para as idéias e pontos de vista que, no momento, estejam-na influenciando ou tocando-na mais diretamente.

Interessante, não? Uma grande amiga psicóloga me ensinou e eu tenho coordenado dinâmicas de grupo com esse tema, formando 11 subgrupos ou duplas e dando a cada um deles um dos tópicos acima, para que criem e produzam um roteiro a partir do enunciado, valendo-se de qualquer tema.

Após alguns minutos, dependendo da capacidade intelectual e criativa da população em dinâmica e ajudando-os quando apresentam dificuldades, cada grupo apresenta o seu roteiro de diálogo numa encenação de acordo com o tópico, e todos discutem cada apresentação. Se o professor quiser trabalhar temas específicos de relação professor–aluno, aluno–pais ou aluno–aluno, sugira esse enunciado como tema para ser criado o roteiro.

Tenho percebido que o entusiasmo é tão grande que não dá para fazer essa dinâmica em duas horas. Quase sempre falta tempo para os últimos grupos e o assunto precisa ser retomado em outro encontro.

3) **Expressão verbal da posição** — compreende a verbalização não agressiva de conclusões, valores, opiniões e sentimentos a respeito do evento. Isso é comunicação assertiva.

Concluindo: quando um aluno lhe disser que não fez a lição por falta de tempo, peça-lhe que explique o que aconteceu durante todo o dia. Pergunte olhando-o em seus olhos. Provavelmente, você ouvirá aquelas já conhecidas desculpas "esfarrapadas", mas não se esqueça de que você está se propondo a praticar comunicação assertiva. Então, ouça-o com atenção e lhe esclareça todos os detalhes para "compreendê-lo". Esse é o objetivo. Se, ao final, sua conclusão foi falta de responsabilidade dele, diga-lhe e aponte-a.

Considero que o maior benefício que a prática da comunicação assertiva pode trazer é a reciprocidade. Quando a praticamos, estamos dando atenção ao outro, fornecendo exemplo de respeito quando o ouvimos. Assim, a probabilidade de que ele também nos respeite e nos ouça é ampliada.

MANIPULAÇÃO RELACIONAL

Os maiores exemplos que temos de manipulação vêm do trabalho dos publicitários e dos marqueteiros. Eles freqüentemente nos induzem a acreditar em coisas impossíveis, como lindas mulheres com corpos perfeitos mesmo tomando cerveja e que pessoas vitoriosas ou atletas saudáveis fumam essa ou aquela marca de cigarro, por exemplo. Fazem-nos eleger em políticos nos quais havíamos jurado nunca mais votar e nos estimulam a comprar produtos de que não precisamos. São especialistas da comunicação e praticam a manipulação profissional. São capazes do controle de massa com incríveis resultados persuasivos, como a história, inúmeras vezes, já nos mostrou. Seus objetivos são vender um produto, aumentar o volume de negócios ou conquistar mais votos nas eleições. Os sentimentos profundos, anseios e necessidades dos outros não contam para essas pessoas.

Aqui, vamos tratar da manipulação das relações interpessoais, que, segundo Nazaré-Aga (2001), famosa terapeuta francesa, é a capacidade que determinadas pessoas têm de conduzir e persuadir os outros, modificando e controlando pensamentos e comportamentos. Observaremos, notadamente, o professor e o aluno manipuladores, que serão chamados de manipuladores relacionais.

O comportamento de um manipulador quase sempre é conseqüência de um aprendizado progressivo, muitas vezes, iniciado na infância como mecanismo de defesa e reforçado por resultados positivos. O manipulador aprendeu a não expressar seus pensamentos objetivos e sentimentos para conseguir seus intentos nas relações com os outros; ao contrário, mascara o que sente e conduz o manipulado a reagir de acordo com seu interesse velado. Os resultados dessa estratégia são reforçadores para a manutenção do comportamento manipulativo. O indivíduo desse tipo culpa os outros exime-se de responsabilidades, comunica-se, semeia a discórdia, desvaloriza-se, faz-se de vítima, muda de atitude e mostra-se indiferente às necessidades alheias, ao contrário do que diz seu discurso.

A já citada psicóloga francesa, após extensa pesquisa, elaborou seis tipos diferentes de máscaras do manipulador relacional. Vejamos:

Manipulador simpático — o mais freqüente e também o mais perigoso. É sorridente, extrovertido, *bon vivant*, atencioso, tem boa fluência verbal, é generoso, não economiza elogios e cativa, obtendo com facilidade a atenção, o afeto e a admiração.

Lembra-se daquele aluno simpático que, na hora da avaliação, você não se sente confortável em dar-lhe uma nota baixa ou uma advertência, por mais que ele mereça naquele momento? Aquele que o deixa inseguro sobre qual classificação lhe dar? Pois bem, pode ser que, ao longo do tempo em que vocês convivem na escola, ele passou a exercer tal influência e sua classificação a respeito da personalidade dele seja de que é uma pessoa querida, dedicada e extremamente simpática. Como advertir ou dar notas baixas a alguém com esse perfil?

Manipulador sedutor — um ser, muitas vezes, dotado de físico atraente (não necessariamente), charmoso, olha nos olhos, misterioso, que desperta o fascínio, inteligente, de voz suave, gentil e galanteador.

Quantos alunos nos seduzem! Lembro-me de uma professora dando seu depoimento sobre o tema, falando de um garoto de 10 anos: "Ele era apaixonante! Era o filho ideal que eu gostaria de ter", contou a professora que descartava qualquer possibilidade de ser manipulada por esse aluno. Era uma relação recíproca, achava ela. "Ele me admirava como professora tanto quanto eu o admirava como (sic) aluno". Até que ela descobriu, e demorou muito para acreditar, que esse aluno encabeçou uma trama para subtrair do seu material as questões de uma prova. "Foi uma das maiores decepções que eu já tive na minha vida", confessou ela.

Dizem os especialistas que, quando estamos seduzidos, ficamos "cegos e surdos". Uma alusão ao fato de que a sedução tem o poder de nos deixar desarmados contra a pessoa sedutora, que, se for manipuladora, faz o que quer de nós, como se fôssemos fantoches mesmo. É fácil observar essa característica de manipulação quando há uma garota bonita na sala. Os meninos fazem até o que ela pensar em pedir; chegam a disputar o direito de fazer algo por ela.

Manipulador altruísta — dá e faz coisas para o manipulado, sem que este lhe peça. É tão gentil que não se pode recusar nada a ele. Não se consegue dizer não a essa pessoa. O manipulado passa a ser seu devedor pelo princípio da reciprocidade.

O melhor exemplo que temos dessa modalidade de manipulação é o aluno prestativo, aquele que se oferece para apagar o quadro, que vai à secretaria buscar material, que dá presentes, que lembra do aniversário e do Dia do Professor e que encabeça as homenagens da turma. Como dizer não, mais tarde, a esse aluno?

Manipulador tímido — de acordo com pesquisas, muitas vezes, é uma mulher frágil, vulnerável e submissa. Mostra-se discreta e até deslocada em público. Utiliza-se de outros para transmitir sua opinião ou crítica. Alega detestar os conflitos, mas os desencadeia sutilmente.

Lembra-se daquela aluna tímida que ficava escondida atrás dos outros na sala? Que nunca participava de nada? Da qual você sentia enorme pena? Pois bem, pode ser dela que estamos falando aqui. Eu mesmo tive uma aluna assim; ficava ruborizada cada vez que eu me dirigia a ela, bastava olhar em sua direção. Nas apresentações de trabalhos orais, os colegas me pediam para que não exigisse dela. Aliás, os colegas acabavam sempre fazendo por ela. E é exatamente aí que se dá a manipulação. Nós temos a tendência de fazer algo por essas pessoas e de pensar: "Coitada, ela não consegue!" ou " Para que expô-la?", etc.

Manipulador culto — despreza sutilmente quem não possui conhecimentos equivalentes ao seu. Mostra admiração pela nossa ignorância sobre assuntos em voga e que pouca gente domina, demonstra grande cultura e, quando lhe fazem perguntas, mostra-se surpreso e irritado. Cria a sensação de inferioridade no manipulado pela sua pretensa autoridade.

Essa é uma modalidade de manipulação muito mais presente no comportamento do professor do que no do aluno. O professor manipulador culto cria a falsa sensação de segurança pessoal por ser o detentor do saber num ambiente em que todos dependem dele. É, depois da modalidade do manipulador ditador, que veremos a seguir, uma das formas mais cruéis de manipulação. É o clássico exemplo da modalidade de "educação bancária", na qual o professor "deposita" no aluno o seu próprio conhecimento acumulado e, depois, "saca" no dia da prova.

Manipulador ditador — indivíduo facilmente identificável pelas suas críticas, seus ataques e seu comportamento violento. Não costuma fazer elogios e é temperamental, desagradável, agressivo, autoritário e temido pelos que o cercam.

Novamente, trata-se de uma modalidade de manipulação mais presente no professor do que no aluno. Estamos falando daquele educador que ameaça, pune, é coercitivo e usa seu poder para conseguir a atenção e a disciplina pelo medo. Acreditem, não estamos falando da minoria, não! Essa máscara manipulativa está presente, em maior ou menor grau, na maioria dos comportamentos de professores em todas as classes e categorias de escola.

Sidman (1995) dedicou um capítulo inteiro do seu livro *Coerção e suas Implicações* a essa modalidade de manipulação para ilustrar esse tipo de relação professor–aluno, assunto já apontado na revisão de literatura (primeira parte do livro), mas que não é demais repetir: quando um professor se utiliza de ameaças e punições para conseguir que seus alunos façam o que ele quer, além de oferecer uma demonstração de incompetência, está provocando futuras reações agressivas e comportamentos anti-sociais nesses mesmos estudantes.

Os manipuladores podem utilizar-se de todas as máscaras (da do simpático à do ditador), razão pela qual é tão difícil identificá-los. Para sermos capazes de descobrir um deles, precisamos conhecer as características que os diferenciam dos outros indivíduos. A psicóloga aponta para 30 características básicas e alerta que, pelo menos uma dezena delas, deve estar presente no comportamento de uma pessoa para que possa ser caracterizada como manipuladora.

As características do manipulador relacional:

1) Culpa os outros em nome do vínculo familiar, da amizade, do amor, da consciência profissional, etc.
2) Transfere aos outros suas próprias responsabilidades ou se exime delas.

3) Não comunica claramente seus pedidos, necessidades, sentimentos e opiniões.
4) Responde, muitas vezes, de maneira vaga.
5) Muda de opinião, comportamento e sentimento conforme as pessoas ou as situações.
6) Invoca razões lógicas para disfarçar seus pedidos.
7) Faz com que os outros acreditem que precisam ser perfeitos, que jamais devem mudar de opinião, que devem saber tudo e responder imediatamente às solicitações e aos questionamentos.
8) Põe em dúvida as qualidades, a competência e a personalidade dos outros: critica, simula não estar fazendo algo errado, desvaloriza e julga.
9) Transmite suas mensagens por intermediários ou por algum outro meio (telefone, em vez de face a face; deixa notas escritas).
10) Semeia a discórdia e cria suspeitas, divide para melhor reinar e pode provocar a separação de um casal.
11) Sabe se fazer de vítima para ser lamentado (doença exagerada, ambiente difícil, sobrecarga de trabalho, etc.).
12) Ignora os pedidos (ainda que alegue lhes dar atenção).
13) Utiliza os princípios morais alheios para preencher suas necessidades (noções de humanidade, caridade, racismo, mãe boa ou má, etc.).
14) Ameaça de maneira disfarçada ou chantageia abertamente.
15) Muda francamente de assunto no curso de uma conversa.
16) Evita ou foge de conversas e reuniões.
17) Aposta na ignorância alheia e faz com que se acredite em sua superioridade.

18) Mente.
19) Prega o falso para conhecer o verdadeiro; deforma e interpreta.
20) É egocêntrico.
21) Pode ser ciumento, ainda que seja por um familiar ou cônjuge.
22) Não suporta críticas e nega evidências.
23) Não leva em conta direitos, necessidades e desejos alheios.
24) Utiliza, muitas vezes, o último momento para pedir, ordenar ou fazer com que alguém aja.
25) Seu discurso parece lógico ou coerente, enquanto suas atitudes, atos ou modos de vida correspondem ao esquema oposto.
26) Utiliza as lisonjas para agradar, dá presentes ou, inesperadamente, é repleto de atenções para conosco.
27) Produz um estado de mal-estar ou um sentimento de não-liberdade (armadilha).
28) É perfeitamente eficiente para atingir seus objetivos, porém à custa dos outros.
29) Conduz-nos para que façamos coisas que, provavelmente, não faríamos por iniciativa própria.
30) É constante objeto de discussão entre pessoas que o conhecem, ainda que não esteja presente.

Todos somos manipuladores?

Às vezes, utilizamos um ardil para obter algo. Trata-se de uma estratégia temporária (limitada no tempo, mesmo que tenhamos utilizado a chantagem), consciente e aplicada numa circunstância particular. Atos isolados não nos caracterizam como manipuladores. Esses indivíduos agem assim porque não podem fazê-lo de outro modo, já que esse é seu único repertório. É uma defesa, em muitos casos, inconsciente.

Nazaré-Aga (2001) sugere que façamos a nós mesmos essas perguntas para esclarecer a dúvida. Se esta persistir, deveremos pedir a alguém próximo, de forma objetiva, que as responda. Sou um indivíduo que:

- Manda os outros transmitirem minhas mensagens?
- Costuma ser vago?
- Desvaloriza ou despreza?
- É explorador?
- Ignora as demandas alheias?
- Semeia tensões ou discórdias?
- É ciumento?
- É egocêntrico?
- É mentiroso?
- Usa chantagens disfarçadas?

O manipulado

Por que nos deixamos manipular? Somos responsáveis por falta de repertório assertivo, por ingenuidade, falta de afirmação, baixa autoconfiança, passividade, timidez, falta de racionalidade, dificuldade em recusar, sentimento de culpa e falta de respeito a nós mesmos quando damos importância exagerada ao julgamento dos outros ou quando nos falta senso crítico quanto aos valores socioculturais estabelecidos.

O manipulador identifica imediatamente uma pessoa não manipulável e muda o foco de sua ação. Alguém que consegue ser assertivo (capaz de exprimir clara e sinceramente suas opiniões, necessidades, demandas, sentimentos e recusas sem desvalorizar os outros) ou afirmar-se perante uma ameaça manipulativa dificilmente será alvo de um manipulador relacional.

Quero, agora, abordar um dos temas mais presentes nas relações humanas: o conflito. Como se dá? Como é conduzido na maioria das vezes? Quais são as modalidades de opções para conduzi-lo? Possuo especialização no assunto há mais de dez anos e sou professor dessa disciplina em cursos de Administração. Minha experiência é de mediação familiar e organizacional. Já ministrei dezenas de cursos consoantes com sucesso. Talvez por conta dessa especialização sempre sou chamado para ajudar nos conflitos de salas de aula também. Nelas, muitas vezes, o professor precisa intermediar atritos entre alunos, não somente com o objetivo de manter a harmonia entre colegas e na sala, mas, até mesmo, como um exemplo, um modelo educativo.

GESTÃO DE CONFLITOS

O conflito é uma situação de concorrência, na qual cada uma das partes deseja ocupar uma posição incompatível com os desejos da outra. Não é possível um consenso entre duas partes em confronto (disputa), que repetem sempre o mesmo discurso, não conseguem ouvir o oponente e que, frente a cada ataque, têm uma resposta preparada. Alguém precisa intermediar as posições contrárias e perceber a subjetividade do discurso, pois nenhum conflito é como se apresenta na superfície. Como um *iceberg*, a parte oculta é muito maior que a visível.

De acordo com Moore (1998), uma desavença entre duas ou mais pessoas poderá ser solucionada de várias maneiras. Elas envolvem, no mínimo, dois extremos. Por um lado, a evitação, a tentativa do consenso entre as partes que prevêem desgastes sociais e inter-relacionais, e, por causa do custo–benefício projetado, propõem-se a dar qualquer solução ao problema. No outro extremo, temos ações criminais, nas quais a eliminação física ou social do outro, por meios ilegais, é a escolha para a solução do embate. Na parte intermediária entre esses extremos, existem várias outras maneiras de resolução de conflitos. Nós, professores, temos a oportunidade de presenciar essas situações na escola o tempo todo. Veja a seqüência:

Evitação do conflito — essa forma de resolução pode ocorrer em razão de as partes, ou uma delas, não suportar o desconforto do embate e suas possíveis conseqüências. Geralmente, ocorre o chamado "deixa pra lá".

É comum ver a criança mais fraca e tímida ser maltratada na escola pelos mais fortes e mais velhos. Atendi um aluno que me foi encaminhado pela professora com a queixa de que quase todos os dias tomavam-lhe o lanche e ele não fazia nada. Ao conversar com o estudante, ouvi: "Eles me ameaçam se eu reagir de qualquer maneira". E mais: "Pior ainda se eu contar para a professora ou para os meus pais", sugerindo que seria apontado, então, pela escola toda como o "bichinha", além do que seria perseguido e poderia estar sujeito até a apanhar desse grupo.

Discussões informais — poderão dar fim aos problemas pela capacidade de comunicação assertiva e de consenso das partes ou causar desistência por falta de interesse ou incapacidade de chegar-se a uma conclusão. Trata-se do diálogo, no qual não se negocia. É simplesmente a troca de argumentos entre pessoas assertivas que buscam o consenso. Nós chamamos essa modalidade de resolução de conflitos de solução ideal. Não há desgastes e ninguém interessado em tirar vantagens. É pura oferta de soluções de ambas as partes.

Negociação — uma espécie de barganha que visa à troca de informações e/ou à resolução entre as partes, como num negócio em que há interesses de compra e venda. Difere das discussões informais por causa da barganha: "Você cede ali ou me dá isso e eu cedo aqui, e em troca te dou aquilo". Perceba que não há ameaças nessa modalidade de resolução de conflitos, a qual é muito comum entre pessoas interessadas e comunicativas.

Mediação — um aperfeiçoamento do processo de negociação que envolve a interferência de uma aceitável terceira parte, que tem um poder de tomada de decisão limitado ou não autoritário. Essa pessoa ajuda as partes a chegar a um acordo mutuamente aceitável nas questões em disputa. É uma técnica de resolução de conflitos não adversarial, que, sem imposição de sentenças ou de laudos, auxilia as partes a achar seus verdadeiros interesses e a preservá-los num acordo criativo com o qual ambas possam ganhar.

O professor é um mediador por excelência. Muitas vezes, é obrigado a sê-lo, haja vista que representa a figura de autoridade na sala de aula e na escola e, invariavelmente, é procurado pelos alunos em conflito para ajudá-los com uma solução. Na seqüência, falaremos mais sobre essa modalidade.

Conciliação — muito parecida com a mediação. Trata-se de uma forma de negociação na qual uma terceira pessoa, que, na escola, pode ser o professor, participa mais ativamente do embate, inclusive propondo barganhas e incentivando as partes à busca de possíveis acordos. Vamos ver adiante que o mediador não propõe soluções nem oferece propostas. O conciliador, sim.

Arbitragem — processo privado no qual as partes em conflito elegem um árbitro ou um conselho de árbitros com poder de juiz, de tomada de decisão sobre o certo ou o errado. Este terá o respeito das partes que se propõem a acatar seu veredicto. Novamente, é o professor que os alunos em conflito vão procurar ou alguém que mereça seu respeito e confiança. Apesar de estarmos conduzindo o leitor a perceber a importância e as vantagens da mediação como método para a solução dos conflitos, sabemos que a arbitragem e a conciliação são muito mais utilizados pelos educadores, mesmo porque os resultados, por mais que não sejam tão seguros no que se refere à sua manutenção, são rápidos.

Processo judicial — o tema conflitante passa pelo processo da ação judicial, no qual pessoas externas ao assunto (advogados) acusam e defendem, trazendo à tona as possíveis variáveis, causas e, principalmente, responsabilidades, sob o crivo de um juiz, que detém o poder de proferir uma sentença. Não vemos essa modalidade acontecendo na escola como solução de conflitos entre alunos. É uma modalidade mais complexa, que envolve a família ou a escola de forma mais ampla.

Ação não violenta — esse tipo de ato já implica em violação das normas sociais e ações ardilosas que visam a assustar e/ou prejudicar a outra parte, provocando a desistência da disputa. São as ameaças que os mais fortes, ou os mais poderosos, fazem à outra parte do conflito para que esta desista. Como vimos em "evitação", há a questão do poder manipulativo, principalmente da manipulação coercitiva, representada por ameaças. Certo dia, numa escola pública de Ensino Fundamental, a professora ameaçou punir uma turma inteira caso o apagador de giz da sala não aparecesse até o dia seguinte. No intervalo, um aluno que disse ter visto quem foi e ameaçou contar recebeu a seguinte ameaça: "Se você contar, eu te entrego para a professora. Ela vai saber como é que você cola nas provas". O apagador nunca apareceu e a sala toda foi punida com a suspensão de um passeio programado. É um clássico exemplo de ação não violenta, na qual o medo do manipulado prevalece na desistência ao confronto.

Coerção física — abrange ações criminais, eliminação física ou social do desafeto — queima de arquivo. Ocorre quando uma das partes possui poder suficiente para prejudicar a outra. Novamente, é a questão do mais forte contra o mais fraco. Mas não se trata de simples ameaças, como na ação não violenta. É o uso da força para fazer com que o outro desista. Temos visto na mídia casos de alunos que levaram armas à escola, esfaquearam colegas ou professores ou atiraram neles por disputas simples, muitas vezes, passíveis de solução via consenso, mas que foram solucionadas à força, com violência. As causas? Foram observadas quando da abordagem dos assuntos "comportamentos anti-sociais" e "inabilidades sociais".

Como vimos, há várias formas para a solução dos conflitos. No entanto, gostaria de mostrar, com mais detalhes, a técnica da mediação, pois a experiência tem me mostrado, ao longo dos anos, que, quando um professor a utiliza em sala de aula, consegue desenvolver um ótimo vínculo com os alunos, além de conseguir a manutenção da paz na classe.

O jogo do "eu sei que você sabe que eu sei", tão próprio da comunicação humana, é a "mãe" de muitos conflitos entre alunos. O professor mediador pode desfazê-los, usando principalmente as técnicas da comunicação assertiva. O mediado deve acreditar no mediador e senti-lo protetor. Ambas as partes devem sentir-se cuidadas pelo mediador.

Um professor mediador participará das negociações de um conflito quando as partes em disputa aceitarem e pedirem sua ajuda e quando:

- As emoções das partes estiverem em descontrole (intensas demais);
- A comunicação entre as partes for pobre tanto em quantidade quanto em qualidade;
- Existir desacordo em relação a dados;
- Os interesses forem incompatíveis (diferenças de valores);
- Houver falta de respeito entre as partes;
- Chegar a um impasse.

Os passos da mediação: o professor mediador deverá escolher hora e local apropriados, longe de qualquer possibilidade de escutas ou interferências externas. Feito isso, será dado início ao processo que contará com seis passos:

1) **Apresentação das regras**
   a) Sigilo — procurar obter das partes o compromisso de manter, entre elas, sigilo a respeito do que conversarem ali;
   b) Imparcialidade — assegurar às partes que o julgamento será imparcial, não pendendo para este ou para aquele lado;
   c) Responsabilidade — por parte de todos os presentes no que se refere à oferta de soluções;
   d) Respeito e igualdade de oportunidades — todos terão o compromisso de respeitar quem estiver falando e as mesmas oportunidades para falar e replicar;

e) Contrato sobre a forma da mediação — um contrato verbal, no qual será estipulado o tempo que será utilizado na ocasião, em possíveis novas sessões, em encontros individuais com o professor mediador, etc;
f) Prática empática — como as partes estão em conflito e essa é uma característica que dificulta o "ouvir", o professor mediador deve ensinar às partes a empatia: "colocar-se no lugar do outro para tentar compreendê-lo".

2) **A exposição dos problemas**
   a) O professor mediador pede aos envolvidos que decidam quem vai começar;
   b) Cada qual fala, enquanto a outra parte e o professor mediador escutam;
   c) Prática da empatia: exigir das partes o respeito ao outro, assim como cada qual quer ser respeitado.

3) **Resumo e ordenamento dos problemas**
   Facilitar para que as partes possam "ver" seus problemas numa ordem decrescente de importância, relacionando-os de acordo com os relatos.

4) **Descoberta dos interesses ainda ocultos**
   Se necessário, agendar entrevistas individuais. Às vezes, quando se percebe que existem conteúdos que não estão sendo expostos na reunião, deve-se sugerir encontros individuais para ambos. Se aceita a proposta, faz-se o agendamento.

5) **Gerar idéias para resolver os problemas (acordos parciais)**
6) **Acordo final**

Acordos realistas, passíveis de serem cumpridos, ou acordos temporários, para se observar reações e comportamentos.

O processo de conciliação é muito parecido. Nele, o professor conciliador participa mais ativamente. Sugere, propõe e negocia flexibilidade deste ou daquele participante. No entanto, em ambas as modalidades, é importante que nenhuma das partes se sinta perdedora. Na mediação, assim como na conciliação, acontecerá o fenômeno do ganha-ganha. O processo todo deverá ser de benefício para os alunos, professor, escola e famílias.

Ainda sobre a prevenção dos conflitos em sala, experiências de grandes educadores dão conta que, se já no primeiro dia de aula, o professor tiver a preocupação de falar com os seus alunos a respeito do assunto, estará minimizando as possibilidades de conflitos futuros. Os principais tópicos dessa primeira aula especial deverão contemplar, entre outros específicos da instituição, os seguintes:

- **Regras e limites bem claros e definidos** – o regimento da instituição sobre horários, uniformes, comportamento em sala, tarefas, provas, faltas, etc;
- **Valores** – uma breve exposição de conceitos sobre moral e ética, consenso, cooperação, justiça, respeito e responsabilidade, por exemplo, e a ilustração da importância dos valores para se viver em sociedade;
- **Contrato sobre a importância da imediata resolução dos possíveis conflitos** – baseado nos saudáveis resultados da mediação e da conciliação;
- **Busca da concordância de todos a respeito do método e escolhas** – se possível, inclusive com a redação de um documento criado pelos próprios alunos sob a supervisão

do professor, e assinado por todos, contemplando principalmente o quesito direitos e deveres.

Acreditem, uma aula especial como essa já começa a abrir as defesas que geralmente dificultam o estabelecimento do vínculo professor–alunos. Quando o professor é assertivo-afetivo, os alunos já passam a aceitá-lo como fazendo parte da turma no primeiro dia de aula, e começa então a invejável cumplicidade responsável entre todos.

Retornarei ao tema reforçamento positivo, apresentado na revisão de literatura (primeira parte do livro), por se tratar de um fenômeno importante na educação e na formação do vínculo professor–aluno, e que, no entanto, é pouco utilizado nessas relações. Ainda predomina a coerção. Motivo? Nós somos resultado de uma natureza e de uma sociedade coercitivas; e os resultados são rápidos, às vezes, imediatos, quando nos valemos da ameaça, o que não acontece com a utilização da técnica do reforçamento positivo.

REFORÇADORES

Obviamente, a coerção não é a única maneira de se obter a cooperação dos outros. Esse fato explica por que existem professores amados e/ou professores odiados pelos alunos. Os odiados possivelmente são os coercitivos, os que impõem, e que conseguem alguma ação dos estudantes somente pela ameaça. Temos relatos recentes sobre professores que obtêm o domínio total da classe sem que jamais tenham punido ou mesmo ameaçado a turma, ao passo que outros, ainda que punindo, não conseguem a disciplina do mesmo grupo de alunos.

No final dos anos de 1990, um acontecimento veio confirmar a teoria de que não existe classe indisciplinada. Por mais que alguns professores se queixem de uma certa turma, esses mesmos alunos terão algum tipo de vínculo afetivo com outros mestres. Eu ouvi, na sala dos professores, um educador se queixar de determinado grupo do Ensino Médio. Dizia que não agüentava mais, que os estudantes eram indisciplinados e que ele não conseguia controlá-los. Lembro até de uma frase dele: "O negócio é fazer terrorismo com essa turma". Outro professor (de Matemática) perguntou-lhe de qual sala ele estava falando. A resposta "2º B" trouxe surpresa, pois o segundo educador afirmou que não tinha problema algum com a turma; ao contrário, "eles eram participativos e colaboradores".

Fiquei curioso e falei com vários alunos da referida turma. Eles se queixaram de alguns professores e elogiaram outros. Não foram queixas a respeito da competência daqueles em ensinar, mas sim da incompetência em se relacionar com os alunos. Sobre o professor queixoso, relataram que ele não sabia os nomes dos alunos, era árido, inflexível e não permitia aproximações dos alunos nem para tirar dúvidas. Por conta disso, retaliavam com indisciplina. Sobre o outro professor, informaram que era afetivo e que demonstrava forte interesse nos alunos colocando-se sempre a disposição, apesar de ser muito exigente com a sua matéria. Um ano mais tarde, o professor de Matemática foi acometido de uma doença que o impossibilitou de voltar a dar aulas. Internado num hospital, recebeu a visita de várias comissões de alunos, representando as turmas do colégio, numa forte demonstração de afeto e gratidão.

O que é isso? Qual é a causa desse fenômeno? A qualidade do vínculo professor–aluno, a exemplo da qualidade do vínculo pai–filho, determina o futuro de uma relação, e essa qualidade é obtida quando os níveis de comportamentos coercitivos do professor são baixos ou nulos. Quem é esse professor? Qual é a técnica não coercitiva dele?

Trata-se do educador que usa o reforçamento positivo, inverso da coerção. Essa técnica, de acordo com Sidman (1995), controla comportamentos tanto quanto a coerção, com a vantagem de não criar os subprodutos típicos dessa última como violência, agressão, depressão, isolamento e inflexibilidade. Um reforçador deve fazer com que uma ação seja repetida. Quando elogiamos um aluno pelo desempenho obtido, estamos reforçando-o positivamente. Se ele repetir o desempenho elogiado, imediatamente devemos demonstrar aprovação: "Parabéns pelo esforço! Você conseguiu!" Quando um pai ou uma mãe demonstra reconhecer o esforço do filho em alguma atividade, estará reforçando-o a repetir a ação: "Filho, estou orgulhoso de você pela sua recuperação de notas na escola" ou "Obrigado por ter ajudado a tirar a mesa!"

Quando nos lembramos de termos sido reforçados positivamente alguma vez no passado por algo que fizemos e que foi elogiado por alguém, percebemos como foi gratificante essa sensação. Quando visualizamos a pessoa que nos reforçou, percebemos como ela é querida e valorizada por nós. No entanto, se fizermos o inverso, lembrando de algum momento em que cometemos um erro ou falha e alguém nos criticou ("Não faz nada direito!"), percebemos como foi negativo o sentimento naquela situação. E que sentimentos tivemos pela pessoa que fez isso naquele momento? Também negativo.

Estudantes que são reforçados por notas justas, respeito dos seus professores e admiração de seus colegas provavelmente freqüentam regularmente a escola. Estudantes que são punidos por notas baixas, desaprovação e humilhação por parte de seus professores e falta de reconhecimento e até mesmo des-

prezo de seus colegas provavelmente se mantêm fora da escola tanto quanto possível (Sidman).

O princípio do reforçamento positivo na escola é usado para conseguir que o aluno faça algo outra vez. Deve-se estar atento para perceber alguma atitude pró-social dele, e, então, o mais rapidamente possível, dar-lhe o reforçamento positivo, cumprimentos e elogios, mostrando que você percebeu a atitude positiva dele. Lembre-se: o reforçamento deverá ser uma surpresa; portanto, oferecido somente após a realização do comportamento desejado. Prometer algo para obter um tipo de ação é coerção, como já vimos.

Educadores que conduzem os jovens com sucesso a cada passo, reforçando positivamente sucessos em vez de punir fracassos, não criam desistentes, pois não dão aos jovens qualquer razão para fugir.

A extinção de um comportamento indesejado de um filho ou aluno pode ser conseguida pela simples eliminação do estímulo aliciador do comportamento-alvo. Por exemplo: quando seu filho, ainda pequeno, falava palavras de baixo calão e você achava graça e o reforçava a repetir o "putapaiu" várias vezes, condicionou-o a falar palavrões para ser o alvo das atenções. Mas, hoje, com o garoto já grandinho, isso não tem mais graça nenhuma. No entanto, ele ainda está condicionado a receber atenção, mesmo que com "broncas", quando diz palavrões. O que fazer? Procure não reforçar as ações negativas por algum tempo. Veja: não confunda extinção com coerção. Dizer que "palavrão é feio" é uma forma de coerção, sugere repreensão. A idéia é não falar nada mesmo, como se não tivesse ouvido a palavra. Quando surgir oportunidade, associe um reforço do tipo "Parabéns, percebi que você não tem falado palavrões!" Os resultados são espantosos. Experimente! Funciona muito bem.

Parte 2 – A construção do vínculo

Uma professora a quem apliquei treinamento de reforçamento positivo relatou que tinha um aluno considerado "impossível" em sua sala. Até então, o comportamento da professora só tinha sido coercitivo com esse estudante: "Joãozinho, pare de brincar durante a aula", " se não parar de conversar vou te mandar para a orientadora", " não atrapalhe seus colegas", etc. A partir do treinamento, ela deu início ao processo de reforço positivo, que consistiu em não se fixar nos comportamentos indesejados dele, não mostrar reação alguma aos comportamentos indisciplinados (relatou a professora que essa fase foi a mais difícil, pois exigia dela um consistente autocontrole) e ficar atenta a qualquer comportamento desejado (pró-social) que ele apresentasse, por menor ou mais insignificante que fosse, para poder reforçá-lo. Num certo momento, o garoto juntou do chão a borracha da colega de trás e a devolveu. Foi o suficiente para a professora se aproximar e falar ao seu ouvido: "Parabéns, gostei de ver!" Conta ela que ele a olhou surpreso (nunca havia sido elogiado por nada) e perguntou: "Por quê? O que eu fiz?" E ela respondeu: "Depois te conto!". Ao final da aula, abraçou-o e contou-lhe o motivo de sua atitude. Ele, então, perguntou: "Só por isso?" Segundo a professora, um vínculo entre esse estudante e ela foi criado ali, e concluiu que, a partir disso, o aluno passou a apresentar muito mais comportamentos pró-sociais do que anti-sociais, em sala e fora dela, na relação com os colegas e com os professores. Claro que ele estava em busca de aprovação, algo que, até então, provavelmente nunca havia tido. Esse aluno, inclusive, começou a ser participativo. Conta a professora que, no mesmo dia do primeiro reforço, após o intervalo, Joãozinho voltou à sala e a primeira coisa que fez foi perguntar se a professora queria que ele apagasse o quadro. Como recebeu outro reforço, passou a adotar esse novo comportamento.

Não se esqueça de que a proposta é "reforçar comportamentos desejados em vez de punir comportamentos indesejados". Concordo que não é uma tarefa fácil, pois exige motivação e autocontrole do professor. No entanto, tente, faça a experiência e substitua frases como "Se não fizer a lição, vai tirar notas ruins!" por "Procure fazer as lições para tirar boas notas!" Ainda não é o reforçador desejado, mas é um começo. Quando nos policiamos e pesamos as conseqüências da nossa fala, sempre encontramos maneiras reforçadoras de dizer o que queremos.

Lembra-se daquela dinâmica de grupo apresentada no início da segunda parte do livro, quando falamos sobre habilidades sociais e novas maneiras de falar as mesmas coisas? Ela cabe muito bem aqui, modificada com a substituição das frases generalizadas por conteúdos específicos da relação ensino–aprendizagem. Na primeira parte, os subgrupos relacionarão as frases coercitivas que costumam ouvir de seus pais e dos seus professores a respeito das obrigações da escola. Deveremos obter frases do tipo: "Só sai do quarto quando a lição estiver feita!", "Isto é boletim que se apresente?", "Quem não prestar atenção não vai aprender!", "Quem não trouxer o trabalho amanhã ficará sem nota!" Na seqüência, eles mesmos se obrigarão a fornecer novas frases substitutas que possuam a conotação reforçadora. É educativo para ambos, professor e aluno.

VALORES SOCIAIS HUMANOS EM DINÂMICAS DE GRUPO

Vamos, agora, trilhar pelos caminhos dos "valores sociais humanos". Acredito que seja o principal conteúdo deste livro,

Parte 2 – A construção do vínculo

não pelo material que vou apresentar, que não é extenso nem profundo, mas pela importância que o tema representa para a constituição do vínculo professor–aluno e, principalmente, para a formação do aluno como um indivíduo biopsico social.

Quando eu digo que o material a ser apresentado não é tão complexo, é porque estarei sugerindo uma metodologia específica para trabalhar esses temas: as dinâmicas de grupo. A complexidade e profundidade podem variar a partir do conhecimento prévio do professor sobre cada tema, da dinâmica a ser aplicada, das pesquisas elaboradas pelos estudantes e da motivação de todos. Aliás, esse é um método que, seguramente, oferece resultados satisfatórios. A aula clássica sobre o assunto, historicamente, é enfadonha e improdutiva. É muito importante que o professor facilitador das dinâmicas tenha em mente que os jogos em si, suas técnicas e seus métodos não têm tanta importância no processo. Muitas vezes servem somente para disparar as emoções dos participantes, estas sim, o objeto de foco e estudo. Assim, não importa muito o jogo e muito menos quem ganhou, mas antes, como cada participante do jogo se sentiu jogando, ganhando ou perdendo.

Apresentarei o resultado das minhas experiências como coordenador de um programa de "valores" no colégio em que trabalhei como psicólogo educacional e professor dessa disciplina, utilizando a técnica das dinâmicas de grupo. Os oito temas que abordarei aqui são: justiça, cooperação, consenso, respeito, humanismo, cidadania, liberdade X responsabilidade, moral/ética. Sei que existem inúmeros valores sociais, humanos e outros, no entanto, acredito que esses oito sejam suficientes para análise em um ano letivo, além do que, acabam, de uma forma ou outra, contemplando outros, como bondade, organização, amor, tolerância e flexibilidade, entre tantos. Veremos também que, após a introdução desses valores nas vidas dos alunos, fica muito mais fácil desenvolver o tema "Educação para a paz", tão importante nos dias de hoje, envolvendo a escola, o professor, o aluno e a família.

O método "Um valor por mês" funciona muito bem quando toda a escola está envolvida e o programa é aplicado em todas as turmas por todos os professores. No entanto, nem sempre isso é possível, dadas as características próprias de cada instituição.

Em algumas situações, pede-se aos estudantes que façam, em grupo, um trabalho sobre o tema do mês para ser apresentado em sala. Não se deve dar qualquer material para os alunos, pois eles deverão pesquisar em dicionários, livros e internet sobre o assunto proposto e buscar apoio de seus pais para realizar a tarefa. As produções poderão ser colagem, resumo de textos, construção de uma história, exposição de fatos verídicos e outros. Poderão ser usados dramatização, som, TV, vídeo e outros recursos. O que importa é que cada grupo exponha aos demais colegas o que aprendeu sobre o valor, pelos seus trabalhos e pesquisas, durante um tempo a ser determinado pelo professor, de acordo com a quantidade de equipes, e que, ao final das apresentações, haja uma intensa discussão sobre cada tema. Outro método para trabalhar determinados valores é a dinâmica de grupo em sala.

Percebi, ao longo de vários anos, que os melhores trabalhos apresentados foram iniciados com o antônimo do valor, ou seja, para expor o tema justiça, por exemplo, os alunos apresentavam várias situações de injustiça (social, pessoal, profissional, etc.). E isso se deu em todas as faixas etárias, desde crianças da 1ª série do Ensino Fundamental até adultos do Ensino Su-

Parte 2 – A construção do vínculo

perior. É claro que o professor deverá conduzir as dinâmicas e a metodologia de apresentação conforme a idade da turma e sua capacidade de compreensão.

Vamos passar, então, para a exposição das várias experiências e seus resultados, valor por valor.

Respeito — um trio de alunos, dos qual dois eram negros, apresentou um trabalho de colagem sobre racismo. Durante uma semana, pesquisaram e recortaram, de revistas e jornais, fotos de situações em que um negro estava sendo subjugado. Foi uma das apresentações mais emocionantes que já vi, pois o grupo, no começo, não precisou dizer nada a não ser explicar a origem de cada cena. Havia mais de uma dezena de situações que eram pontuadas à medida que iam sendo mostradas: "Aqui, um negro apanhando de policiais nos Estados Unidos por suspeita de roubo", "Aqui, uma criança negra fazendo trabalho escravo no Nordeste do Brasil", e assim por diante. A sala toda em silêncio. Ao final da apresentação das cenas, o grupo passou a falar de respeito propriamente dito, explanando sobre o conceito obtido no dicionário, e sobre a importância de respeitar para ser respeitado. Já vi cena semelhante numa apresentação sobre humanismo. Aliás, vamos perceber, ao longo das apresentações dos oito valores, que eles se confundem em muitos momentos. É comum e bom ao mesmo tempo, pois reforça nosso objetivo final.

As outras apresentações são, na maioria, a respeito do governo, da mídia, da sociedade, da escola, do professor, do aluno e de seus pais. Muitos grupos apresentam estudos de casos corriqueiros e outros, fatos do dia-a-dia, como ônibus lotados, filas de banco e de INSS, muros pichados, pais terroristas, alunos que não respeitam a escola e o professor, e assim por diante.

Geralmente, no fechamento do trabalho, após todos os grupos se apresentarem, conclui-se que o respeito está diretamente relacionado com o reconhecimento das diferenças, pois, quando aprendermos a reconhecer o outro, a exemplo do que já foi apresentado no tópico intitulado empatia, estaremos dando um grande passo em busca do estabelecimento do valor respeito.

Justiça — a apresentação de um grupo nos chamou a atenção pelo fato de todos seus componentes serem torcedores do mesmo time de futebol. Vieram vestidos com as camisas do clube e apresentaram um vídeo mostrando, segundo eles, as injustiças que um juiz cometeu ao longo de determinada partida — gol invalidado, expulsão incorreta, pênalti não marcado, etc. O surpreendente é que havia na sala alunos torcedores do outro time, dito como o beneficiado pelo juiz e a discussão se instalou. Foi muito bom, pois constatamos, ao final, que, muitas vezes, achamos que um ato foi justo ou injusto a partir de um filtro particular, dos nossos olhos de interesse pessoal.

Professores injustos (ou pais, ou namorado) também são temas muito utilizados pelos alunos nas dinâmicas, que mostram, ainda, as injustiças sociais, via dramatização e apresentações de vídeo.

É importante salientar que se conclui sempre, mesmo após os conceitos de justiça e de injustiça estarem prontos, que essa última se caracteriza por "mudanças das regras durante o jogo pela parte detentora do poder". Um aluno de 15 anos, que apresentava esse tema falando do pai injusto, relatou que num sábado, como de costume, em torno das 19h, após ter cumprido todas as suas obrigações em casa, tomou banho, vestiu a camiseta e os tênis novos, passou gel no cabelo e colocou o dinheiro no bolso, foi se despedir do pai, quando aconteceu o seguinte diálogo:

Parte 2 – A construção do vínculo

— Pai, fui! Chau!
— Ia! — disse o pai, concluindo — vai ficar de castigo em casa por causa das suas notas no colégio!
— Você está brincando, não é?
— Brincando coisa nenhuma. Sua mãe me mostrou seu boletim hoje. São notas horríveis. Você não cumpriu nosso trato. Sendo assim, vai ficar de castigo!
— Pai, isso não é hora pra dar castigo. A turma está me esperando no portão e eu tenho compromisso hoje!
— Não quero saber! Vai ficar em casa e está acabado!

Segundo o aluno, foi a maior experiência de injustiça, até então, em sua vida. Para ele, o pai poderia avisar que daria um castigo pelas notas baixas, mas com antecedência. Não da forma como fez, deixando-o, inclusive, lavar o carro da família alguns instantes antes. Essa apresentação trouxe muita polêmica, pois houve alunos que defenderam o pai, afirmando ser o filho quem mudou as regras ao não cumprir sua parte na escola.

Em dinâmicas de cunho social como essas, a polêmica é muito bem-vinda. Talvez, agora, o leitor perceba por que não é possível preparar um conteúdo previamente e o mesmo acontece em relação ao tempo utilizado, pois os resultados inesperados passam a ser os instrumentos da aprendizagem. Os grandes compromissos do professor são o de não deixar em aberto as questões que devem ser fechadas e o de manter o controle sobre inúmeras situações em todos os momentos.

Cooperação — uma professora de Ensino Infantil montou duplas em sala para as dinâmicas sobre cooperação e ensinou às crianças uma brincadeira chamada "guiar o cego". A brincadeira consistia em uma criança ter os olhos vendados e a outra guiá-la pela sala toda, que foi previamente preparada com obstáculos (carteiras, almofadas, etc.). A de olhos vendados tinha de confiar em seu colega, e a que a conduzia tinha muita responsabilidade sobre como guiá-la, falando: "vire à esquerda", "há uma cadeira à sua frente", e assim por diante. Após isso, invertiam-se os papéis — quem guiou teria os olhos vendados e vice-versa. Ao final, cada criança dava seu depoimento sobre como se sentiu guiando e sendo guiada. Muito bom o trabalho dessa professora; foi um grande exemplo de cooperação. Na seqüência, os alunos deveriam fazer a experiência em casa com os pais e irmãos e trazer os respectivos depoimentos para serem lidos em sala.

O conceito que fica, após as várias experiências, é que cooperar não é o mesmo que colaborar. "Co-operar" é operar com, ou seja, fazer junto. Para tanto, exige-se motivação. Há uma dinâmica com baixo índice de cooperação, que é o "concurso de pirâmides". Neste, serão sorteados grupos (nenhum aluno escolherá parceiros), os quais receberão os mesmos materiais (cartolinas, fitas adesivas, canudos de refrigerante, barbante, papel-alumínio, tesouras, etc.) e deverão, ao longo de um tempo pré-estabelecido de 30 minutos, construir uma pirâmide. Ao final, numa ficha que fica em posse do professor, serão dadas as notas. Aluno por aluno dará e justificará sua nota (de um a dez), para cada item em disputa: a maior, a mais bonita e a mais prática pirâmide construída. Após os aplausos para os vencedores, abre-se a discussão, e cada estudante falará sobre as dificuldades encontradas, como se sentiu e a cooperação que ofereceu ao grupo.

Várias dinâmicas podem ser realizadas, basta usar a criatividade. Uma psicóloga relatou a seguinte dinâmica sobre cooperação: orientam-se os alunos, já em círculo, a esticar o braço direito e, a partir de então, este não poderá ser flexio-

Parte 2 – A construção do vínculo

nado. Pede-se que coloquem o braço esquerdo para trás, pois ele não poderá ser utilizado. Na seqüência, dá-se um biscoito para cada participante, que deverá segurá-lo na mão esticada, e solicita-se que coma o biscoito, lembrando que não pode dobrar o braço nem largar o biscoito. Após várias tentativas, algumas hilariantes, alguém normalmente toma a iniciativa certa e, se isso não acontecer, o professor deverá apontar-lhes a solução: cada um põe seu biscoito na boca do colega, que, obviamente, recebe o dele, e assim por diante, até que todos comam. Após a atividade, inicia-se uma discussão, buscando o relato de como cada um se sentiu.

Consenso — a melhor maneira de trabalhar consenso é por meio de dinâmicas, nas quais o grupo se depara com a necessidade de encontrar uma única resposta para a solução de um problema. É bom que, inicialmente, o professor não fale nada no dia dessa dinâmica, principalmente sobre o valor que será trabalhado. Divide-se a turma em grupos, no máximo de cinco integrantes, e entrega-se a cada equipe uma folha com as orientações. Por exemplo:

Um grupo de náufragos sobreviventes de um acidente marítimo chega a uma ilha. Essa ilha não possui recursos de sobrevivência como água potável e comida nem outras proteções, como árvores, e a temperatura chega a quase 50°C. Dos dez sobreviventes, todos muito debilitados, somente seis poderão ser salvos por um helicóptero de busca que retornará ao local só dentro de uma semana, tempo demais para alguém manter-se vivo naquelas condições. Você tem o poder de decidir quais serão resgatados e vão embora e quais ficarão na ilha para morrer. São eles:

• Um ancião de 75 anos que gosta de viver;
• Um homossexual;

- Um advogado armado;
- Um marinheiro metido a dar ordens;
- Uma jovem negra muito forte;
- Um oriental lutador;
- Uma senhora com câncer;
- Um executivo que não larga da sua maleta;
- Uma freira;
- Uma menina doente mental.

O grupo deverá indicar, em até 30 minutos, quais deverão ser salvos e justificar a resposta. O professor ouve e anota no quadro as indicações de cada equipe. Em seguida, abre espaço para a discussão das diferenças apontadas. Por que o grupo 1 propôs salvar a freira e o grupo 2 resolveu deixá-la? Quais foram os critérios adotados? Vamos perceber que, muitas vezes, no impasse, o grupo opta pela votação, dada a diversidade de opiniões dos membros, ou, mesmo, alguém lidera e manipula os demais para aceitarem seu argumento. O próprio professor perceberá esses mecanismos quando estiver observando os grupos enquanto produzem.

Então, o professor poderá fazer uma pequena explanação sobre consenso, "a busca de uma única resposta dentro de um grupo, conseguida pelo diálogo, a capacidade de ouvir e de se expressar corretamente". Deverão ser retomadas as experiências de empatia e comunicação assertiva com a turma e aplicar-se nova dinâmica. Nesta, os grupos não poderão votar e seus membros não devem se submeter a nenhum tipo de liderança. Seu compromisso é encontrar uma única resposta pelo consenso. Poderão recorrer às dinâmicas do "exercício da máquina registradora" ou do "exercício de consenso" (Fritzen, 1999) ou, até mesmo, montar uma dinâmica a partir de uma história sobre a qual o grupo deverá produzir um final. O que importa é que o tema gere discussões e que as diferenças sejam o conteúdo a ser trabalhado em equipe.

Humanismo — esse é um tema muito rico e pode ser trabalhado com grupos de qualquer idade. E os métodos também são inúmeros, pois, quando falamos em atitudes desumanas, despertamos uma grande quantidade de possibilidades e lembranças em nossos alunos. Estimulá-los a lembrar cenas desumanas do cotidiano das pessoas trará uma seqüência sem fim de relatos.

No entanto, percebemos que, quando os colocamos frente a frente com a prática de atitudes humanitárias, os resultados são infinitamente mais produtivos. Vamos relatar uma experiência realizada com uma turma de crianças de 4ª série de uma escola privada de Ensino Fundamental. Foi parte de um projeto nosso chamado "Integração Social".

A escola, já comprometida com o experimento, deu todo o apoio logístico para a execução do programa. O primeiro passo foi procurar uma família carente que realmente estivesse necessitando de ajuda; algo fácil num país com as imensas diferenças sociais como o nosso. No entanto, envolvemos a pastoral do bairro e recebemos uma indicação do padre responsável. A família foi visitada, apresentamo-lhe um programa de ajuda humanitária e agendamos uma data para a filmagem em vídeo de todos os membros reunidos na casa. No dia marcado, acompanhados do cinegrafista, voltamos à residência da família — um casebre dentro de uma grande favela na periferia de Curitiba. Lá, filmamos o seu *hábitat* e os depoimentos dos membros. O pai falou sobre o desemprego, pois é pedreiro e não consegue trabalho, que precisa de telhas para a reforma da cobertura da casa e que está ameaçado de despejo e não tem advogado. A mãe relatou as dificuldades em colocar comida na mesa para os filhos e de não ter um fogão, colchões e roupas; a avó falou sobre doenças, a necessidade de tratamento dentário e a falta de alguns remédios (deu os nomes, inclusive) e as crianças comentaram sobre não terem brinquedos, sapatos, material escolar, entre outros.

Elaboramos uma relação de todas as necessidades levantadas e com esse material, montamos uma apresentação para a turma escolhida. Passamos o vídeo em sala e relatamos que essa família estava precisando urgentemente de padrinhos para ajudá-los. Concluímos, convidando-os a participar do programa humanitário de ajuda. A classe foi unânime. Todos concordaram em participar. O trabalho ficou assim programado:

Primeiro passo — identificar quem poderia ajudar em qual necessidade específica. Perguntamos a cada um o que achava que poderia fazer pela família. Com os relatos feitos, dividimos a turma em seis grupos, compostos de seis alunos cada, para assumirem compromissos com as demandas específicas dos membros da família (emprego para o pai, cadernos e livros para os filhos, remédios para a avó, assistência jurídica, fogão, colchões, comida e assim por diante.). Cada um, dentro das suas possibilidades, se comprometeria em falar com o tio, que é representante farmacêutico; com a mãe de um amigo, a qual é dentista; com o dono de uma construtora que é pai de um colega seu, e pode apresentar uma oferta de emprego; com o avô, que é advogado; investigar quem pode ter uma geladeira ou um guarda-roupas usado para doar, etc. Os alunos deveriam, também, obter a autorização de seus pais para participarem (o vídeo poderia ser apresentado aos familiares dos alunos participantes, aos colegas do colégio, aos demais professores da escola, entre outros).

Parte 2 – A construção do vínculo

O nível de estimulação da turma foi percebido já no intervalo, quando alguns estudantes estavam comunicando aos colegas de outras turmas os detalhes do projeto e outros, buscando apoio. Na mesma semana, todos os professores daquela escola e a maioria dos alunos já estavam a par do projeto e muitos, colaborando com ele. O sucesso foi confirmado quando as doações e ofertas começaram a chegar. Foi montado um esquema na própria escola: os alunos traziam ou a van da escola buscava a doação, que ficava guardada em uma sala reservada para isso. Ao final, ela ficou lotada de mantimentos, roupas e utensílios trazidos por vários alunos e professores envolvidos pelos grupos.

No projeto original, os estudantes estariam presentes no dia da entrega das doações à família. No entanto, alguns pais não autorizaram seus filhos a ir à favela. Atendendo a essa demanda, a entrega foi feita sem a presença dos alunos, mas, novamente, registrada em vídeo.

Na seqüência, agendamos um dia para o encontro da família carente com seus "padrinhos", professores e alguns pais que ajudaram e puderam estar presentes. Nesse dia, todos reunidos, passamos os vídeos da primeira fase (os pedidos) e o da entrega. A família foi apresentada aos pais, alunos e professores e agradeceu com muita emoção. A comoção tomou conta de todos os presentes, que se abraçaram, e essa família foi embora sob aplausos de todos.

Não temos conhecimento de como estão hoje. Se o emprego conseguido, os serviços prestados (pelo advogado, pelo médico e pelo dentista), o fogão, os colchões, as telhas, a comida, os brinquedos e as roupas foram suficientes para um recomeço que tenha provocado grandes mudanças no rumo daquela família, mas sabemos da transformação causada nos corações dos colaboradores e alunos participantes, bem como do novo vínculo afetivo construído entre aquela professora e sua turma e das mudanças nos vínculos aluno–aluno, e alunos–pais. Os estudantes passaram a ter um contato inter-relacional diferenciado com os colegas individualmente (mais respeito e confiança, melhor comunicação e colaboração), resultante de uma cumplicidade construída a partir dos esforços conjuntos que objetivaram os resultados alcançados. Esse vínculo beneficiou profundamente, também, as tão frágeis e abaladas relações aluno–escola.

Em 2002, Stephen Kanitz divulgou o resultado de uma pesquisa mostrando que o jovem é solidário e que 72% dos jovens brasileiros querem ser voluntários em ações sociais e não sabem como agir. Cabe a nós, educadores, mostrar a eles os caminhos possíveis.

Cidadania — o relato acima citado, visto pelo ângulo do humanismo, é um grande exemplo de cidadania. Aliás, como já dissemos, essas dinâmicas, por mais que direcionadas a um valor específico, acabam, ao final, contemplando várias outras. Nessa última, percebemos os valores: justiça, respeito, cooperação, solidariedade e muitos outros integrados. Isso é comum e bem-vindo. Sobre cidadania, especificamente, o professor deve passar aos seus alunos, antes de mais nada, a idéia dos "direitos e deveres", e ter a certeza de que eles processaram a informação antes de qualquer atividade sobre o tema. Para Serrão e Baleeiro (1999), "a cidadania não se limita a uma palavra, a uma idéia, um discurso, nem está fora da vida da pessoa. Ela começa na relação do homem consigo mesmo para, a partir daí, expandir-se até o outro, ampliando-se para o contexto social no qual esse homem está inserido. É uma nova forma de ver, ordenar e construir o mundo, tendo como princípios básicos os direitos humanos, a responsabilidade pessoal e o compromisso social na realização do destino coletivo".

As mesmas autoras sugerem várias dinâmicas de grupo, entre elas "A Cidadania nos Pequenos Gestos", cujo desenvolvimento é o seguinte:

1) Grupo sentado em círculo;
2) Distribuir folhas de ofício e lápis a cada participante;
3) Solicitar que listem, individualmente, situações vivenciadas na semana anterior, em que o exercício da cidadania deixou de ser realizado, como sujar o chão, danificar bens públicos, pichar, etc;
4) Formar subgrupos para a partilha das situações e construção de uma lista comum, contendo as ações consideradas mais significativas. Dar duas folhas de *flip chart* a cada subgrupo;
5) Apresentação das listas de cada subgrupo nos *flip chart*;
6) Plenário — discutir com o grupo as situações apresentadas, relacionando-as a questões mais amplas, como poluição industrial, desmatamento, extinção de espécies, preservação de bens culturais, etc;
7) Fechamento — o facilitador chama a atenção para o compromisso social que deve nortear a relação do homem com o mundo e para a responsabilidade que todos devem ter com o que é público e representa o bem-comum.

Há uma parábola ilustrativa do ponto. Ela conta a história de um menino que juntava e devolvia ao mar as estrelas-do-mar que estavam, aos milhares, encalhadas na areia. Um sujeito chegou perto e falou: "Ei, menino, você acha que pode salvar todas essas estrelas-do-mar encalhadas? Veja, são quilômetros de praia e tem milhões de estrelas na areia. Não perca tempo!" O menino, sem olhar para o sujeito, juntando e jogando ao mar mais estrelas, respondeu: "Esta aqui eu salvei, esta também, e mais esta..."

Dinâmicas com os temas voltados a questões próprias da comunidade dos alunos são muito produtivas. Dramatizações nas quais os alunos possam criar cenas, apresentando uma situação de violação dos direitos humanos também produzem ótimos resultados. Caberá ao professor criar e adaptar métodos de acordo com as demandas e possibilidades.

Liberdade X responsabilidade — bem próximo ao conceito "direitos e deveres" da cidadania, esse valor mexe muito com a auto-percepção e a auto-avaliação de crianças e adolescentes. Há uma dinâmica que facilita a introdução ao tema. É assim:

1) Divide-se a classe em duas turmas — o pessoal da direita e o da esquerda;
2) Os alunos da direita estarão representando o Sr. Antônio, um sitiante que trabalha noite e dia em seu sítio, plantando, colhendo e produzindo legumes, frutas e verduras, criando frango, porco e gado, beneficiando leite e seus derivados, enfim, lida com tudo o que seja possível produzir num sítio;
3) Os alunos da esquerda estarão representando outro sitiante, o Sr. José, vizinho de cerca do Sr. Antônio. O Sr. José não quer nada com nada. Fica dormindo na rede o dia todo e, quando precisa de alguma coisa, pula a cerca e "pega" do sítio do vizinho;
4) Coloca-se uma discussão às turmas. O pessoal da esquerda defenderá o Sr. Antonio e argumentará que ele trabalha muito, e, por isso tem o que comer, porém

reclamarão que não acham justo o que o Sr. José faz. O pessoal da direita argumentará que só trabalha quem quer e que o Sr. José está certo. Para que trabalhar se o Sr. Antônio produz o suficiente para os dois?;
5) Deixa-se "rolar" essa discussão por alguns minutos e, quando começar a sair de controle, deve-se interrompê-la e mudar as posições - o grupo da esquerda, agora defenderá o Sr. José, e o da direita, o Sr. Antônio. Percebe-se que mudam-se as posições e mantêm-se os argumentos;
6) Deve-se colocar em discussão como cada um se sentiu nas duas posições e buscar a opinião verdadeira da classe sobre liberdade e responsabilidade.

Percebe-se que, na maioria das vezes, o assunto deriva para o dia-a-dia de todos. Se isso não ocorrer, o professor poderá criar as analogias necessárias, como qual seria o sentimento se o muro da sua casa, que foi pintado por você e seu pai no final de semana, amanhecesse, na segunda-feira, todo pichado? Após esse momento o professor pode fazer uma indagação: o que vem antes, a liberdade ou a responsabilidade? Depois da habitual discussão que se sucede, todos acabam chegando à conclusão de que a liberdade é conquistada com atitudes responsáveis. Deve-se buscar exemplos, principalmente na relação pais e filhos, pedindo relatos dos alunos sobre os níveis de liberdade que cada um conquistou com os seus pais.

Debates em sala sobre questões sociais amplas, relativas a guerras, demonstrações de poder de políticos e governantes, crimes, violência, uso de drogas e outros tantos temas serão reforçadores da conscientização do valor.

Moral/ética — aqui, vamos fazer o fechamento de tudo o que falamos até agora a respeito de valores. É impossível falar deste assunto sem mencionar os outros sete valores apresentados. No entanto, nesse caso específico, cabe uma aulinha ao grupo que está realizando a dinâmica, pois é muito comum que o aluno faça confusão entre o que é moral e o que é ética. Nós mesmos nos confundimos às vezes, portanto, o professor precisa fazer uma breve introdução ao tema.

Quando falamos em ética, estamos nos referindo aos bons costumes, aos bons valores, válidos para todos os seres humanos, como amor, paz, bondade, tolerância, entre outros. Costume, em grego, é *ethos* (ética), e em latim significa *mores* (moral). Talvez esteja aí a origem da confusão que fazemos sobre esses dois conceitos.

A ética é a teoria ou ciência do comportamento moral dos homens em sociedade. A capacidade ética tem por objetivo a reflexão crítica do ato moral, ou seja, sobre o que é (ou pode ser) errado. Assim, a ética não é a moral. Moral é o objeto de estudo da ética, diz respeito aos costumes, valores e normas de conduta de cada sociedade.

A ética, então, pode ser o regimento, a lei do que seja ato moral, o controle de qualidade da moral. Daí, os códigos de ética que servem para as diferentes microssociedades dentro do sistema maior. A moral, por sua vez, de acordo com Kant, "é aquilo que precisa ser feito, independentemente das vantagens ou prejuízos que possa trazer". Assim, quando praticamos um ato moral, poderemos até sofrer conseqüências negativas, pois o que é moral para uns pode ser amoral ou imoral para outros. Veja o exemplo a seguir:

A família do Sr. João tem o costume de tomar banho junta. Pai, mãe e filhos (meninas e meninos) sempre tomaram banho juntos. É cultural, dentro da casa, a exposição do corpo nu entre eles, sem que haja conotações de sexualidade ou de promiscuidade. No entanto, seus vizinhos, regidos por uma cultura totalmente avessa a esse tipo de comportamento, quando ficaram sabendo do banho coletivo daquela família, passaram a denominá-la de imoral. Esse simples e pequeno exemplo pode justificar o que foi afirmado acima: que ações morais, para uns, podem ser imorais para outros. Não há como definir quem está "certo" ou quem está "errado"; é uma questão cultural familiar de uma microssociedade. Duas pessoas podem ter valores diferenciados a respeito do que seja ato moral ou imoral; é uma questão de consciência pessoal. Daí o conceito do Kant sobre "aquilo que precisa ser feito".

Para qualificar, ou seja, para normatizar o que é ou não moral em micro e macrossociedades, instituiram-se os códigos de ética. Todas as sociedades têm o seu. Pode ser documentado com parágrafos e capítulos ou, no caso de algumas culturas, uma forma de viver aceita pelos seus membros. Na Índia, existem algumas aldeias em que os mais velhos mutilam sexualmente as meninas, ainda crianças, extirpando seu clitóris. Não está escrito em lugar algum que isso deve ser feito, mas todos, apesar da revolta da humanidade, mantêm essa atitude em nome de um ato ético que diz que, naquela sociedade, a mulher não pode sentir prazer.

Os códigos de ética, então, servem para definir o que é e o que não é ato moral. Em nossa sociedade capitalista, que valoriza a posse de bens materiais e do lucro em detrimento dos valores morais, o que vale é não quebrar o código de ética estabelecido. Assim, quando um deputado, senador, prefeito ou vereador aumenta o seu salário em 300% argumentando, sem constrangimento, que "a legislação nos permite essa manobra", e colocando a culpa num regimento, estará sendo ético, mas imoral ao mesmo tempo, pois vivemos num país com imensas diferenças sociais aonde os assalariados nunca poderão pensar em aumentos de salários nessas proporções.

Os melhores resultados que já obtivemos em trabalhos de grupo com alunos adultos, crianças e adolescentes sobre moral e ética aconteceram com o uso de dinâmicas em que eles desenvolveram a crítica de uma situação com forte apelo moral. Por exemplo: relatamos a história (verídica) da mãe de duas crianças, uma de 3 meses e outra de 7 anos, que, abandonada pelo marido, desempregada e passando sérias dificuldades, entra em um supermercado e rouba um pacote de leite para matar a fome das suas filhas, que ficaram sentadas na calçada em frente. O segurança percebe e detém essa mãe; em seguida, chamam a polícia e ela vai presa por furto.

Separa-se a sala em duas turmas. Uma representará a defesa dessa mulher e a outra, a acusação, ou seja, a defesa do supermercado. A polêmica que se cria é algo notável. Os alunos tendem a tomar posições radicais como "sou um comerciante honesto, colaboro com várias instituições de caridade e não posso abrir mão dos meus direitos. Eu pago impostos, salários dos funcionários e também pago pelas mercadorias. Se eu não tomar providências, qualquer pessoa poderá vir aqui e furtar o que estiver precisando com o mesmo argumento de estar com fome..." Percebemos que não há qualquer possibilidade de consenso, pois o argumento da defesa também é muito forte: a fome de duas crianças e a culpa do sistema que não as protege. No momento desse impasse, cabe a utilização das conclusões como ilustração do que é moral e do que é ético. Costumamos concluir que a mulher praticou um ato moral

Parte 2 – A construção do vínculo

— "fazer o que precisa ser feito" —, pois precisava matar a fome das filhas, mas, ao mesmo tempo, cometeu um ato antiético, furtou, e terá de pagar por isso. Quando chegarmos a essa conclusão, poderemos incluir um complicador na história: a mulher furtou também uma garrafa de uísque importado. E inverter as posições: quem antes acusava, agora defenderá, e vice-versa. Uma nova confusão se instala, o que favorece o afloramento do conteúdo que será, na seqüência, objeto de discussão em grupo.

Outra dinâmica nos mesmos moldes, porém com a presença de valores sociais mais acentuados, vai se dar a partir da seguinte história:

O Sr. Antônio, desempregado, com sérias dificuldades financeiras, vai à farmácia do seu bairro e explica ao farmacêutico que acabou de trazer o filho de uma consulta ao médico. A criança está com quase 40 graus de febre e precisa do remédio prescrito na receita. No entanto, ele não tem dinheiro: "Peço ao senhor que me venda o remédio fiado", diz o Sr. Antônio. E o farmacêutico responde: "Aqui não se vende fiado, meu amigo!" O Sr. Antônio insiste: "mas o senhor me conhece. Já fiz trabalhos aqui de pintura e de jardim, o senhor sabe onde eu moro...". O farmacêutico conclui: "Já disse que não vendo fiado, não importa para quem seja! Assunto encerrado!"

Na manhã seguinte, a farmácia amanheceu arrombada e o farmacêutico percebeu que havia sumido uma caixa do remédio que o Sr. Antônio pediu fiado. Chamou a polícia e o pai da criança foi preso.

Percebemos que, nessa história, há uma pré-relação entre os dois personagens. O farmacêutico, no passado, havia contratado o Sr. Antônio várias vezes para realizar pequenos serviços; portanto, os dois se conhecem. Essa variável altera, em muito, os mecanismos da defesa de um dos grupos em dinâmica. A turma da promotoria sente-se menos à vontade para defender o proceder do farmacêutico; afinal, ele poderia colaborar e receber em serviços mais tarde. Mas, mesmo assim, novamente uma forte polêmica se instala entre os dois grupos da sala a respeito do ato de furtar, considerado anti-ético. No entanto, ninguém duvida de que o pai cometeu um ato moral ao salvar a vida do filho.

Na seqüência, introduz-se um complicador à dinâmica, do tipo "o Sr. Antônio aproveitou e furtou, também, um valioso equipamento eletrônico medidor de glicose da farmácia para vender, pois estava sem dinheiro", e os grupos poderão ser invertidos novamente. Certamente, teremos um bom material para a discussão final entre todos os participantes.

Dinâmicas nas quais seja possível diferenciar atos morais de atos éticos devem ser formuladas, levando-se em conta a idade dos participantes e sua capacidade de processar as informações. Poderão ser abordados temas como política, guerras, roubos, culturas, entre outros. Os debates podem versar, considerando o âmbito familiar, empresarial, escolar, etc., a respeito de conteúdos da mídia como comerciais, novelas e noticiários, e até sobre a experiência real de cada um. Às vezes, é produtivo pedir aos mais jovens que envolvam a família na produção de colagens (recortes e imagens de atos imorais e anti-éticos), de vídeos mostrando essas cenas ou de dramatizações para apresentação em sala.

Como foi dito, a adoção da metodologia das dinâmicas de grupo para a implantação ou reforço dos valores sociais humanos na escola dificilmente poderá ser substituída com o mesmo sucesso por outro método. Nas experiências que as dinâmicas propiciam, o aluno se vê, muitas vezes, pela primeira vez, como um membro da sociedade, com o direito e o dever de promover mudanças em nome do bem-estar comum.

CONCLUSÃO

Nos anos de 1990, um cientista, Dr. George Noblit, da University of North Carolina at Chap Hill, realizou um estudo etnográfico em uma escola elementar dos Estados Unidos com uma turma de 2ª série do Ensino Fundamental. O fato que despertou o interesse do Dr. Noblit, é que a professora dessa turma, Pan, era conhecida por ser amada pelos seus alunos e também por propiciar-lhe os melhores índices de aproveitamento na escola. O estudo consistiu em observações da relação professora–alunos naquela sala, uma vez por semana, durante todo o ano letivo. O que apresentaremos a seguir é uma síntese do resultado do estudo relatado pelo Dr. Noblit (Bueno, 1995):

A professora era Pan Knight e sua frase mais marcante era: "Vocês me amarão mais depois que me deixarem". Ela adorava dar aulas. Costumava rir muito das atribulações normais em sala, porque nem os acontecimentos diários nem seus momentos de prazer com os alunos ameaçavam sua autoridade. De muitas maneiras, eles é que constituíam a base de sua autoridade. Ela não atribuía a obtenção do conhecimento pedagógico deles a si mesma, mas às crianças.

A estratégia fundamental de Pan era a de dirigir a mente das crianças para as respostas corretas. Ao sorrir e ao elogiar seus esforços, ela mostrava que tinha orgulho deles, e parece que era isso que eles mais desejavam. O poder da professora estava sustentado pelo amor, pelo desvelo e pela sua autoridade moral. Segundo Noddings, citado pelo Dr. Noblit no artigo, "num relacionamento de desvelo, o poder não transforma o outro num objeto, mas, pelo contrário, sustenta e promove o outro como sujeito, o poder é utilizado para confirmar e não para negar o outro".

O Dr. Noblit concluiu seu relatório descrevendo um fato ocorrido quando o diretor entrou na sala durante a aula e perguntou à Pan: "Eles têm feito a lição de casa?" A professora sabia que nem todos vinham fazendo, porém olhou para as crianças e, depois, para o diretor, e respondeu: "Eles estão se saindo bem!" Literalmente, ela não tinha respondido à pergunta do diretor. O diretor, de qualquer forma, disse às crianças algo como "Mantenham esse ritmo!". Ele saiu e Pan reorganizou a fila de alunos para a aula de música, e a fila se quebrou em uma série de crianças que vinham e a abraçavam. Ela os tinha protegido. Em sua sala, estavam seguros. Eles eram os alunos dela.

"A escola como um todo é enfadonha!" Essa é a percepção que a maioria dos alunos, de todos os níveis, têm dela. Cabe ao professor determinar o clima que vai predominar em seu ambiente. Ele possui a prerrogativa de condicionar o aluno a achar que a escola é ruim ou boa. A professora Pan é o retrato do que idealizamos como uma educadora competente: capacidade pedagógica, metodologia de ensino, poder legítimo conquistado pela sua liderança (atribuída pelos alunos), afetividade, motivação e desvelo. Essas são características de muitos professores no Brasil e no mundo todo, é certo, mas não

Conclusão

da maioria, como vimos na revisão. Os que já as possuem são, certamente, profissionais realizados, como disse Hillal (1985), apresentando estudos de Nérici que mostram as seguintes características idealizadas do professor, de acordo com os alunos: justiça, bondade, senso de humor, paciência, domínio pessoal, inteligência, simpatia, honestidade, pontualidade e capacidade didática.

Procuramos fornecer a você, professor e leitor deste livro, algum material e propostas fundamentados na ciência da Psicologia do Comportamento Humano, com o objetivo de que se capacite para enfrentar uma nova era na educação, a era da nova escola que não mais poderá se prestar unicamente ao papel pedagógico de outrora, pois precisa de representativas mudanças na forma como interpreta seu cliente. Os pais dos alunos, hoje, exigem uma instituição completa, que atenda a todas as demandas dos seus filhos, nos aspectos pedagógicos, sociais e afetivos. A escola moderna terá, daqui para frente, a responsabilidade de complementar as deficiências educacionais familiares que vêm se ampliando cada vez mais nos últimos anos, por conta dos fenômenos da liberação da mulher, com seu respectivo ingresso no mercado de trabalho. Outro fator a ser considerado é a dedicação total do casal às atividades profissionais, o que vem dificultando a presença desses pais junto aos seus filhos, e muito mais ainda na escola. Esses fenômenos ocorrem, com maior ou menor intensidade, em todas as classes sociais, nas escolas públicas e nas escolas privadas, nas mais simples e nas mais sofisticadas redes de ensino, nas famílias carentes e nas famílias abastadas e poderosas.

Recentemente um colégio do litoral paulista, que no passado já havia contratado uma palestra minha para os professores da instituição, trouxe-me novamente, desta vez para proferir uma palestra aos pais dos alunos. Antes de começar o diretor fez um emocionante relato aos presentes. Contou que um pai de aluna do ensino infantil, que nunca participara até então de qualquer reunião de pais no colégio, apareceu numa dessas reuniões e fez questão de dar o seguinte depoimento:

"Certa manhã eu estava escovando os dentes no banheiro quando a minha filha de 5 anos, de sobrancelhas franzidas, com as mãozinhas na cintura e batendo o pezinho no chão me disse: `muito bem né pai! Escovando os dentes com a torneira aberta...´ Eu fiquei completamente sem jeito, pedi desculpas a ela e fechei a torneira imediatamente. Quando fui tomar café comentei com a minha esposa que havia levado uma bronca da nossa filha por estar gastando água a toa e ela explicou: `já sei o que foi, o colégio dela está trabalhando valores com os alunos e este é o mês da cidadania. Ela e seu grupinho de mais três coleguinhas, foram incumbidas de produzir e apresentar em sala um trabalho sobre a importância da preservação da água para o futuro do planeta. Elas se reuniram aqui em casa e eu e as outras mães as ajudamos a produzir uma colagem em cartolina, de imagens relativas ao mau uso da água pela sociedade. Elas já apresentaram o trabalho e estão eufóricas com o assunto, e agora são fiscais em casa e na escola´. A partir desse momento eu passei a olhar a escola da minha filha com outros olhos, com responsabilidade, e assumo aqui perante todos vocês que farei o possível para estar presente em todas as reuniões de pais e, principalmente, mais presente aos assuntos da escola da minha filha".

Esse depoimento ilustra a proposta que, se os pais não vão à escola, vamos nos utilizar de toda a nossa criatividade e criar situações para que a escola vá aos pais. As dinâmicas de grupo, quando envolvem a família de alguma forma, trazem mais resultados positivos, como esse exemplo demonstrou.

Conclusão

Caberá ao professor, ao excelente professor, as transformações necessárias. Ele é o representante da escola junto aos alunos e precisará estar motivado e capacitado a exercer os dois papéis: o pedagógico, para o qual se formou, e o de educador social. Para tanto, deverá buscar meios de estar preparado. O propósito deste livro é a oferta de alguns desses meios. Falamos em motivação, habilidades sociais e comportamentais, em comunicação assertiva, em resolução de conflitos em reforçadores, concluindo com valores sociais humanos, são importantes elementos para as necessárias mudanças relatadas. O professor que adotá-los e ampliar suas experiências nesses temas terá sucesso no papel de educador, não somente pelos benefícios propiciados aos seus alunos, mas também, pela harmonia que conquistará na sala de aula liderando verdadeiramente seus alunos e conquistando mais tempo hábil de inspirá-los. Lembram-se dos índices da pesquisa do INEP – UNESCO apresentada no início do livro que aponta como maiores dificuldades do professor em sala de aula; 1) manter a indisciplina, 23% e 2) motivar os alunos, 21%? – Pois bem, após adotar os métodos aqui apresentados, certamente esses índices sofrerão substanciais reduções o que facilitará efetivamente a missão do professor em preparar os alunos para a vida. No entanto, temos plena consciência das dificuldades que virão. Mudanças são difíceis e os mais velhos têm a tendência natural de resistir a elas. Resta-nos, então, apresentar uma sugestão: experimentar! Realize as experiências sugeridas e avalie os resultados. Como disse Claude M. Bristol, "pare de olhar para trás. Você sabe onde já esteve; você precisa saber para onde vai!". Completando com a famosa frase de Jean Paul Sartre: "não importa o que fizeram de mim, o que importa é o que eu faço com o que fizeram de mim!".

REFERÊNCIAS BIBLIOGRÁFICAS

BANDURA, A. (1975). *Análisis del aprendizaje social de la agression.* In: BANDURA, A.; IÑESTA, E. R. *Modificacion de conducta:* analise de la agression y a delinquencia. México: Trillas.

BANDURA, A. (1979). *Modificação do comportamento.* Rio de Janeiro: Interamericana, 1999.

BANDURA, A.; WALTERS, R. H. (1963). *Aprendizaje social y desarrollo de la personalidad.* 10. ed. Madrid: Alianza, 1990.

BERGAMINI, C. W. *Psicologia aplicada à administração de empresas.* São Paulo: Atlas, 1976.

BIASOLI-ALVES, Z. M. M. *Professores de escolas públicas*: formação e atuação profissional. Paidéia. Cadernos de Psicologia e Educação/USP. n. 8.

_____. *Contribuições da psicologia ao cotidiano da escola*: necessárias e adequadas? Paidéia. Cadernos de Psicologia e Educação/USP. Ribeirão Preto, fev./ago. p.77-95.

BOOG, G. (1994). *Manual de treinamento e desenvolvimento.* São Paulo: ABDT/Makron Books.

BUENO, B. O. (1995). Poder e desvelo na sala de aula. In: Revista da Faculdade de Educação da USP. São Paulo. v. 21. n. 2. p. 119-137.

CABALLO, V. E. *Teoria, evaluation y entrenamiento de las habilidades sociales*. Valência: Promolibro, 1987.

CANDAU, V. M.; LUCINDA, M. C.; NASCIMENTO, M. G. *Escola e violência*. Rio de Janeiro: DP&A, 1999.

CARVALHO, J. J. C. (1980). *Modificação do comportamento verbal de professores através da análise de interação em sala de aula*. Tese de doutorado USP.

CARVALHO, M. F. (1984). Da marginalização ao fracasso escolar: estudo de uma classe de 1ª série de 1º grau. Psicologia. v. 10. n. 1. p. 27-42.

CASTRO, C. M. (2000). A arqueologia da reprovação. In: Veja. São Paulo: Abril, 6 dez. 2000.

CIRILLO, K. J.; PRUITT, B. E.; COLWEL, B.; KINGERY, P. M.; HURLEY, R. S.; BALLARD, D. (1998). *School violence*: prevalence and intervention strategies for at-risk adolescents. Adolescence. v. 33. i. 130. p. 319.

COLOMBIER, C.; MANGEL, G.; PERDRIAULT, M. *A violência na escola*. São Paulo: Summus, 1989.

CORREA, M. A. M. (1992). De rótulos, carimbos e crianças nada especiais. Cadernos Cedes. *O sucesso escolar*: um desafio pedagógico. v. 28, p. 69-74.

DAVIS, C.; SILVA, M. A. S.; ESPÓSITO, Y. (1989). Papel e valor das interações sociais em sala de aula. In: Cadernos de Pesquisa. São Paulo. v. 71. nov. 1989. p. 49-54.

DEL PRETTE, Z. A. P. (1980). *Uma análise da ação educativa do professor a partir do seu relato verbal e da observação em sala de aula*. Tese de doutorado, USP.

DEL PRETTE, Z. A. P.; DEL PRETTE, A. (1996). Habilidades sociais: uma área em desenvolvimento. In: *Psicologia*: reflexão e crítica. Porto Alegre. v. 9. n. 2. p. 233-255.

DEL PRETTE, Z. A. P.; DEL PRETTE, A.; GARCIA, F. A.; SILVA, A. T. B.; PUNTEL, L. P. (1998). Habilidades sociais do professor em sala de aula: um estudo de caso. In: Psicologia: Reflexão e Crítica. Porto Alegre. v. 11. n. 3. p. 591-603.

DEL PRETTE, Z. A. P.; DEL PRETTE, A. *Psicologia das habilidades sociais, terapia e educação*. Petrópolis: Vozes, 2001.

DISCHION, T. J.; MCCORD, J.; POULIN, F. (2000). *When interventions harm*: Peer groups and problem behavior, American Psychologist.

ERICKSON, K. G.; CROSNOE, R.; DORNBUSCH, S. M. (2000). A social process model of adolescent eviance: combining social control and differential association perspectives. In: Journal of youth and adolescence. v. 29. i. 4. p. 395.

ERON, L. D. (1997). The development of antisocial behavior from a learning perspective. In: STOF, D. M; BREILING, J.; MASER, J. D. *Handbook of antisocial behavior*. EUA: John Wiley & Sons.

FEIJÓ, C. (2001) *Efeitos do treinamento de professores em comportamentos anti-sociais dos alunos*. Dissertação de mestrado UFPR.

_____. (2005). *Pais competentes, filhos brilhantes (os maiores erros dos pais na educação dos filhos e os sete princípios fundamentais para prevenir essas falhas)*. São Paulo: Navegar.

_____. (2006), *Os 10 erros que os pais cometem (como preveni-los e corrigi-los)*. São Paulo. Novo Século.

FELDENS, M. G. F.; OTT, M. B. E.; MORAES, V. R. P. (1983). Professores têm problemas? In: Cadernos de Pesquisa. São Paulo. (45): 79-80.

FERREIRA, P. P. *Treinamento de pessoal*: a técnico-pedagogia do treinamento. São Paulo: Atlas, 1979.

FRELLER, C.C. (2000). *Histórias de indisciplina escolar e a atuação do psicólogo*. Tese de doutorado USP.

FRITZEN, S. S. J. *Exercícios práticos de dinâmicas de grupo*: Petrópolis: Vozes, 1999.

GEROW, M. A. S.; KENDALL; P. C. (1997). Parent-Focused and cognitive-behavioral treatments of antisocial youth. In: STOF, D.; BREILING, J.; MASER, J.D. *Handbook of antisocial behavior*. EUA: John Wiley & Sons.

GIL, M. S. C. A. (1995). Revelando a competência escondida: a análise psicológica da atividade em sala de aula. In: Temas em Psicologia (Sociedade Brasileira de Psicologia). Ribeirão Preto. n. 1. p.23-31

GODOY, E. A. (1997). As relações interpessoais e a questão étnica no contexto escolar. In: Revista Educação e Ensino. Bragança Paulista: USF. v. 2. n. 1. p. 27-38.

GÓMEZ, M. F. (1992). El orden normativo disciplinario en las escuelas primarias de sectores marginados. In: Revista Argentina de Educacion. Buenos Aires. n. 18. p. 29-55.

GOMIDE, P. I. C. (1996). *Agressão humana*: torre de Babel — reflexões e pesquisa em psicologia. UEL. v. 3. p. 71-87.

GOMIDE, P. I. C. *Menor infrator*: a caminho de um novo tempo. Curitiba: Juruá, 1999.

HAYDU, V. B. (2001). Aprendizagem: desenvolvimento e adaptação. In: ZAMBERTAM, M. A. T. (Org.) *Psicologia e prevenção*: modelos de intervenção na infância e adolescência (no prelo).

HAWKINS, D. J.; ARTHUR, M. W.; OLSON, C. (1997). Community intervention to reduce risks enhance protection: against antisocial behavior. In: STOF, D.M, Breiling J.; MASER, J. D. *Handbook of antisocial behavior*. EUA: John Wiley & Sons.

HERSEY, P.; BLANCHARD, K. *Psicologia para administradores de empresas*. São Paulo: EPU, 1974.

HILLAL, J. *Relação professor–aluno*: formação do homem consciente. São Paulo: Paulinas, 1985.

HINSHAW, S. P.; ZUPAN, B. A. (1997). Assessment of antisocial behavior in children and adolescents. In: STOF, D M.; BREILING, J.; MASER, J. D. *Handbook of antisocial behavior*. EUA: John Wiley & Sons.

HUESMAN, L. R.; MOISE, J. F.; PODOLSKI, C. L. (1997). Effects of media violence on the development of antisocial behavior. In: STOF, D. M.; BREILING, J.; MASER, J. D. *Handbook of antisocial behavior*. EUA: John Wiley & Sons.

KAPLAN, H.; SADOCK, B. J. *Compêndio de psiquiatria*: ciências comportamentais. Psiquiatria Clínica. Porto Alegre: Artes Médicas Sul, 1993.

KAZDIN, A. E.; BUELA-CASAL, G. *Conducta antisocial*: evaluación, tratamiento y prevención en la infancia y adolescencia. Madrid: Pirâmide, 1997.

LEITE, S. A. S. (1988). O fracasso escolar no ensino de 1º grau. In: Revista Brasileira de Estudos Pedagógicos. v. 68. n. 163. p. 510-539.

LEITE, S.A.S. (1976). *Programa de treinamento de professores*. Dissertação de mestrado USP.

LEWIN, L. M.; DAVIS, B.; HOPS, H. (1999). Childhood social predictors of adolescent antisocial behavior: gender differences in predictive accuracy and efficacy. In: Journal of Abnormal Child Psycology. v. 27. i. 4 p. 277.

LIPP, M. N; NOVAES, L. E. (1998). *O stress*. São Paulo: Contexto.

MACHADO, V. L. S. (1979). *Interação verbal professor–aluno*: influência de disciplinas, de expectativa do professor, da autopercepção do aluno e suas relações com rendimento acadêmico de escolares da 3ª série. Tese de doutorado USP.

MACIAN, L. M. *Treinamento e desenvolvimento de recursos humanos*. São Paulo, EPU: 1987.

MARQUES, J. C. *Ensinando para o desenvolvimento pessoal*. Petrópolis, Vozes: 1983.

MILLENSON, J. R. *Princípios da análise do comportamento*. Brasília: Coordenada, 1967.

MINAYO, M. C. S. *Fala galera*: juventude, violência e cidadania. Rio de Janeiro: Garamond, 1999.

MOORE, C. W. *O processo de mediação*: estratégias práticas para a resolução de conflitos. Porto Alegre: Artmed, 1998.

MORAIS, R. *Violência e educação*. Campinas: Papirus, 1995.

MOSCOVICI, F. *Desenvolvimento interpessoal*. Rio de Janeiro: LTC, 1985.

NAKAYAMA, A. M. (1996). *A disciplina na escola*: o que pensam os alunos, pais e professores de uma escola de 1º grau. Dissertação de mestrado USP.

NAZARÉ-AGA, I. *Os manipuladores estão entre nós*. Rio de Janeiro: Ediouro, 2001.

NÚÑEZ, L. A. L., (1995). Desarollo de un programa de entrenamiento motivacional. In: Revista Interamericana de Psi-

Referências bibliográficas

cologia/interamerican Journal Psychology. Caracas. v. 29, n. 1. p. 51-63.

PATTERSON, G.; REID, J.; DISHION, T. (1992). *Antisocial boys*. EUA: Castalia Publishing Company.

PACCHIANO, D. M. (2000). *A review of instructional variables related to student problem behavior, preventing school failure*. v. 44. i. 4. p. 174.

PEROSA, G. S. (1997). *Fracasso escolar e formação docente*: um estudo sobre a oferta de cursos de capacitação. Dissertação de mestrado USP.

PISANI, E. M.; BISI, G. P.; RIZZON, L. A.; NICOLETTO, U. *Psicologia Geral*. Porto Alegre: Vozes, 1990.

Programa de capacitação para os profissionais da educação (2000). Universidade do Professor, Secretaria da Educação, Governo do Paraná.

RIBAS, M. H. (1989). *Treinamento de professores*: sua validade e seus efeitos na prática docente — uma análise da questão no estado do Paraná. Dissertação de Mestrado PUC-São Paulo.

RIMM, D. C.; MASTER, J. C. *Terapia comportamental*: técnicas e resultados experimentais. São Paulo: Manole, 1983.

ROAZZI, A. (1985). *Fracasso escolar*: Fracasso ou sucesso na escola? Psicologia Argumento, ano IV, n. 5, p. 10-16.

SALLAS, A. L. F. *Os jovens de Curitiba*: desencantos e esperanças. Juventude, violência e cidadania. Brasília: Unesco, 1999.

SARASON, I. G. (1975). Un enfoque del modelamiento y la información aplicado a la delincuencia. In: BANDURA, A; IÑESTA, E. R. *Modificacion de conducta*: analise de la agression y a delinquencia. México: Trillas.

SERRÃO, M.; BALEEIRO, M. C. *Aprendendo a ser e a conviver*. São Paulo: FTD, 1999.

SIDMAN, M. *Coerção e suas implicações*. Campinas: Editorial Psy II, 1995.

SILVA, R. N.; DAVIS, C. (1993). *Formação de professores das séries iniciais*. Caderno de Pesquisa. São Paulo. n. 87. p. 31-44.

STAMMERS, R.; PATRICK, J. *Psicologia do treinamento*. Rio de Janeiro: Zahar Editores, 1978.

STICHTER, J. P.; SHELLADY, S.; SEALANDER, K. A.; EIGENBERGER, M. E. (2000). *Teaching what we do know*: preservice training and functional behavior assessment, preventing school failure. v. 44. i. 4. p. 142.

STOFF, D. M.; BREILING J.; MASER, J. D. (1997). *Handbook of antisocial behavior*: antisocial behavior research – an itroduction. EUA: Jonh Wiley & Sons.

TANGANELLI, M. S. L.; LIPP, M. E. N. (1998). *Sintomas de stress na rede pública de ensino*: estudos de psicologia PUC. v. 15. n. 3. Campinas. p. 17-27.

TOREZAN, A. M.; (1994). *Processo ensino aprendizagem*: concepções reveladas por professoras de 1º grau na discussão de problemas educacionais — psicologia, teoria e pesquisa. v. 10. n. 3. p 383-391.

ULMER, J. T. (2000). *Commitment, deviance, and social control, the sociological quarterly*. v. 14. i. 3. p. 315.

WITAKER, M. C. *Motivação*. São Paulo: Atlas, 1986.

YOSO, R. Y. *100 jogos para grupos*. São Paulo: Ágora, 1996.

INFORMAÇÕES SOBRE NOSSAS PUBLICAÇÕES
E ÚLTIMOS LANÇAMENTOS

Cadastre-se no site:

www.novoseculo.com.br

e receba mensalmente nosso boletim eletrônico.

novo século®